KB139899

산림정책과 산림문화 역사성 규명을 위한

국역 유산기

國譯 遊山記

산림정책과 산림문화 역사성 규명을 위한

국역 유산기

國譯 遊山記

초판인쇄 2015년 12월 31일
초판발행 2015년 12월 31일

편저자 국립수목원
펴낸이 채종준

펴낸곳 한국학술정보(주)
주 소 경기도 파주시 문발동 파주출판문화정보산업단지 513-5
전 화 031-908-3181(대표)
팩 스 031-908-3189
홈페이지 http://ebook.kstudy.com
E-mail 출판사업부 publish@kstudy.com
등 록 제일산-115호(2000. 6. 19)
도서발간등록번호 11-1400119-000227-10

ISBN 978-89-268-7210-9 93910

정부간행물발간등록번호
11-1400119-000227-10

산림역사 자료 연구총서 4 - 강원도

산림정책과 산림문화 역사성 규명을 위한

국역 유산기

國譯 遊山記

국립수목원 편저

우리나라는 국토의 64%가 산으로 이루어져 전국에 걸쳐 명산과 문화 유적들이 두루 산재해 있습니다.

유산기는 산을 유람하면서 그 정경을 읊고 감흥을 노래한 기록입니다. 조선 지식인 사회에서 명산(名山)을 기행하는 것은 하나의 열병처럼 번져 있었습니다. 그 예로 와유록(臥遊錄)을 들 수 있습니다. 와유(臥遊)란 화공(畫工)이 좋은 경치를 실경으로 화폭에 옮긴 것을 '벌렁 드러누워 즐긴다'는 뜻으로, 신선도교 문학에서 유래한 말입니다.

이처럼 와유하는 것조차 홍치로 즐겼다고하니 유산에 대한 갈망이 어찌했는지 짐작할만 합니다. 강원도 유산기를 살펴보면 금강산과 설악산이 주를 이루며 유람한 사람의 연령대는 비교적 고르게 분포하고 있습니다. 여행 동기는 금강산의 아름다운 산수감상, 공부의 한 수단으로 심신수련, 금강산에 축적된 문화유산 체험이었습니다.

특히 한반도의 동북쪽 중간 지역에 위치한 강원도는 남북이 길고 동서가 짧은 단형(短型)에 가까운 지형으로, 동쪽으로는 해안선을 따라 동해와 접해 있고, 남쪽으로는 경상북도, 서남쪽과 서쪽으로는 충청북도와 경기도에 접해 있으며, 서북쪽으로는 황해도, 북쪽으로는 함경남도와 접해 있습니다. 또한 한반도의 북쪽에서 남쪽으로 뻗어내린 태백산맥을 사이에 두고 높은 산, 깊은 골짜기가 겹겹이 둘러싸고 있어 전체 면적의 약 82%가 산지인 지역입니다. 우리나라의 큰 강인 남한강과 북한강, 낙동강이 강원도에서 발원하고 금강산·설악산·오대산·태백산·치악산 등 유명한 산이 모여 있으며, 그 산에는 월정사·신흥사와 같이 유서깊은 사찰도 있습니다.

이번에 발간한 『국역 유산기-강원도』는 「강원도지역 산림역사자료의 유형별 분류 및 활용에 관한 연구」의 일환으로 경상북도산림과학박물관에서 조사한 157편의 유산기 중 20편을 발췌 번역한 자료입니다.

유산기는 말 그대로 산수간을 노닐고서 기록한 것입니다. 이를 통해 우리 선조들의 유교문화와 산림문화의 오묘한 만남을 발견할 수 있습니다. 산수유기를 통해 주체의 관찰과 행위를 알 수 있으며, 자연 앞에 인간의 왜소함을 돌아보는 겸허를 배웁니다. 솜씨 좋은 사진을 보듯 펼쳐지는 경관이며, 꼼꼼하고 치밀한 선인들의 기록정신, 봉우리의 유래와 산비탈의 모습과 능선의 굴곡이 눈앞에서 펼쳐집니다.

이처럼 아름다운 강원도 지역의 명산 유산기를 한 권의 책으로 담아 봅니다. 아무쪼록 등산 가방 하나 둘러메고 강원도 지역의 산야를 찾는 이들에게 우리 전통산림문화를 이해하는 길잡이가 될 수 있기를 기대합니다. 아울러 이 책의 발간을 통해 창조적 산림휴양문화의 복원과 조선시대 생활사, 사회사, 지성사, 문화사의 소중한 기초연구자료로 활용되었으면 하는 작은 바람도 있습니다. 마지막으로 이 책이 나오기까지 고생하신 모든 분들께 진심으로 감사의 인사를 올립니다.

2015년 12월
국립수목원장 이유미

| 목차 |

머리말 … 005

1

금강산기

金剛山記

배용길裵龍吉

배용길(裵龍吉, 1556~1609): 자는 명서(明瑞), 호는 금역당(琴易堂), 장륙당(藏六堂)이며 본관은 흥해(興海)이다. 1592년 임진왜란이 일어나자 학봉(鶴峰) 김성일(金誠一)의 초유(招諭)를 보고 의병을 일으켜 김해(金垓)의 휘하에 들어가 부장(副將)으로 전공을 세웠으나, 이듬해 학봉이 사망하고, 자신도 병이 들어 의병진을 파하고 말았다. 천문, 지리, 율력, 의약 등 다방면에 조예가 깊었고 특히 주역(周易)에 밝았다. 임진왜란 때의 공으로 선무원종공신(宣武原從功臣)에 오르고, 통정대부(通政大夫) 좌승지(左承旨)에 추증되었다.

해제解題

「금강산기金剛山記」는 배용길裵龍吉. 1556~1609의 『금역당집琴易堂集』에 수록되어 있다. 금강산의 여섯 이름들 중 개골皆骨·풍악楓嶽 등으로 불리는 이유에 대해서 밝히고 있으며, 금강산의 내산과 외산의 모습에 대해서 소개하고 있다. 또한 내산과 외산에서 볼 수 있는 빼어난 경치, 장안사長安寺·표훈사表訓寺 등과 같은 금강산에 소재한 사찰들에 대한 기록도 남아 있다. 원나라 순제順帝의 명에 의해 제작된 장안사의 무진등無盡燈과 같은 고적에 대한 설명도 함께 기록해 두었다.

국역國譯

금강산은 관동關東에 있는데, 옛날 예맥濊貊 땅이다. 그 꿈틀거리고 상서로운 기운이 백두산白頭山에서 일어나 남쪽으로 천여 리를 이어져 내려와, 바다에 이르러서 웅장하게 뒤섞이고 모여 쌓였으니, 위로는 푸른 하늘에 닿고 아래로는 드넓은 땅을 누르며 1만 2천 봉우리가 되었다.

금강산을 둘러싼 고을이 다섯인데, 동쪽으로 통천通川·고성高城·간성杆城이고, 서쪽으로 회양淮陽·금성金城이다. 금강산의 이름은 여섯인데, 개골皆骨·풍악楓嶽이라 한 것은 산의 실제 모습을 보고 이름을 붙인 것이고, 금강金剛·기달怾怛·열반涅盤·중향성衆香城이라 한 것은 불가佛家에서 나온 것들인데, 나는 불서佛書를 보지 못하여서 비록 민지閔漬[1]의 「유점기楡岾記」와 추

---

1) 민지(閔漬, 1248~1326): 자는 용연(龍涎), 호는 묵헌(默軒), 본관은 여흥(驪興)이다. 1266년(원종 7) 문과에 장원 급제해 지후(祗候)·전중시사(殿中侍史)·예빈윤(禮賓尹) 등을 지냈다. 1321년(충숙왕 8) 수정승(守政丞)이 되고 여흥군(驪興君)에 봉해졌다. 저서로는 『묵헌집(默軒集)』이 있으며, 시호는 문인(文仁)이다.

강秋江2)의 「유금강산기遊金剛山記」가 있다고 해도 그 내용이 무엇을 말하는지 알지 못한다.

금강산은 내산內山과 외산外山이 있는데, 내산은 회양에 속하고 외산은 고성에 속하며 수령水嶺이 경계가 된다. 외산의 형태와 빛깔은 다른 산들과 다르지 않지만, 다만 암석들이 봉우리를 이루어 높고 가파르며 웅대하니 여러 산들 중에서도 빼어나고, 내산의 빛깔은 마치 눈처럼 희어서 매우 기이하다.

산에 들어가는 길은 다섯이 있다. 내산으로 들어가려면, 한 길은 회양에서부터 추지楸池를 경유하는 길이고, 또 한 길은 통천에서부터 살령薩嶺을 경유하는 길인데, 모두 장안사長安寺로 들어가게 된다. 살령의 남쪽 협곡은 좁고 길지만, 평평하며 높고 환해서 은자隱者들이 노닐 만한 곳이다. 외산으로 들어가려면, 한 길은 발연鉢淵에서 백전성문栢田城門을 경유하는 길인데, 백천百川의 하류이다. 또 한 길은 박달관朴達串에서 곧바로 불정대佛頂臺로 올라가는 길이고, 한 길은 구점狗岾에서부터 유점사楡岾寺를 경유하는 길인데, 모두 마하연摩訶衍으로 들어가게 된다. 발연, 살령, 불정대의 세 길은 매우 가파르고 험하기 때문에 경유하는 사람이 드물다.

외산의 참모습은 양진역養珍驛에서 전부 드러나고, 내산의 뛰어난 경치는 정양사正陽寺에서 다 볼 수 있었다. 봉우리 중에서 이름난 것으로는 관

---

2) 추강(秋江)은 남효온(南孝溫, 1454~1492)의 호로 자는 백공(伯恭)이고 본관은 의령(宜寧)이다. 1480년 생원시에 응시하여 합격하였으나, 벼슬에 뜻을 두지 않았다. 1498년(연산군 4) 김종직(金宗直)이 지은 「조의제문(弔義帝文)」이 문제가 되어 무오사화(戊午士禍) 때, 김종직의 문인으로 지목되었다. 1504년 갑자사화(甲子士禍)가 일어나자, 소릉 복위를 상소했던 일이 다시 논죄되어 부관참시되고 아들 충서(忠恕)도 사형당했다. 숙종(肅宗) 대에 서산서원(西山書院)에 원호(元昊)·이맹전(李孟專)·김시습(金時習)·조여(趙旅)·성담수(成聃壽) 등과 함께 생육신(生六臣)으로 배향되었다. 1782년(정조 6) 이조판서(吏曹判書)에 추증되었다. 저서로 『추강집(秋江集)』·『추강냉화(秋江冷話)』·『사우명행록(師友明行錄)』·『귀신론(鬼神論)』·『육신전(六臣傳)』 등이 있으나 『육신전』은 전하지 않는다. 고양 문봉서원(文峰書院)·장흥 예양서원(汭陽書院)·영월 창절사(彰節祠)·의령 향사(鄉祠) 등에 제향되었다. 시호는 문정(文貞)이다.

음觀音·미륵彌勒·향로香爐·도솔兜率·개심대開心臺인데, 양진역에서 보이는 것들이고, 비로毗盧·원적圓寂·안문雁門·적멸寂滅·성불成佛·천등天燈·미륵彌勒·관음觀音·달마達摩·지장地藏·수정水精·일출日出·월출月出 등은 정양사에서 보이는 것들이었다. 계곡과 골짜기들 중에서 깊숙하고 후미지기로는 구룡담九龍潭이 가장 빼어나고, 봉우리들 가운데 험준한 것은 비로봉毗盧峯·만경대萬景臺·망고대望高臺인데, 어느 것이 낫다고 할 수 없었다. 금강산을 유람하는 사람은 저마다 제승지구濟勝之具[3]를 갖추지 않고서는 쉽게 다닐 수가 없다.

내산은 담무갈曇無竭[4]이 거주하던 곳이고, 외산은 오십삼불五十三佛[5]이 거주하는 곳이었다. 산에 거주하는 사람들 중 오래된 이들은 이미 다 죽었고, 새로 온 이들은 가리키는 봉우리의 이름은 모르면서도 담무갈의 일만은 빠뜨리지 않고 전하니, 괴이한 것을 말하는 것은 좋아하면서 올바른 도리를 말하는 것은 어설프다고 할 만하였다.

시내는 만폭천萬瀑川과 시왕백천十王百川이 장안사長安寺 앞 안문천雁門川에서 합류하는데, 오른쪽으로 유점사와 남산을 거쳐 세존백천世尊百川, 지공백천指空百川과 고성高城 성 밖에서 합류하였다. 세존천 위에는 가로로 각도閣道[6]를 지어서 사람들이 다닐 수 있도록 해놓았다.

길을 따라 있는 사찰로 장안長安·표훈表訓·정양正陽·보덕普德·마하연摩訶衍·묘길상妙吉祥 등은 내산에 속해 있고, 불정佛頂·상하견성上下見性·유점 등은 외산에 속해 있는데, 장안사, 표훈사는 불에 타서 옛 모습이 전혀 없어

---

3) 제승지구(濟勝之具): 명승지를 두루 돌아다니며 놀 때, 가지고 가는 도구를 말하는데, 튼튼한 두 다리를 뜻하기도 한다.

4) 담무갈(曇無竭): 범어 'Dharmodgata(曇摩鬱伽陀)'의 음역으로 법성(法盛)·법용(法勇)·법상(法上)·법기(法起)라 번역한다. 보살의 이름이다. 중향성(衆香城)의 주가 되어 항상 『반야바라밀다경(般若波羅蜜多經)』을 설하니, 상제(常啼)보살이 와서 반야(般若)를 들었다 한다.

5) 오십삼불(五十三佛): 금강산 유점사(楡岾寺)에 있는 53개의 불상(佛像)으로, 인도에서 문수 대사(文殊大師)가 삼억가(三億家)의 금을 모아 만들어 부처의 인연이 깊은 금강산으로 보냈다고 한다.

6) 각도(閣道): 비나 눈을 맞지 않도록 건물 사이에 지붕을 씌워 만든 통로를 말한다.

졌다. 유점사도 이미 재가 되었던 것을 새로 중건했는데 규모가 매우 웅장하였다. 사찰 문밖에 있는 오래된 산영루山映樓는 시내에 걸터앉아 날아갈 듯하고, 누대 아래에서는 물고기들이 뛰놀고 있어 매우 사랑스러웠지만, 근래에 임任씨 성을 가진 감사監司가 내를 파서 시냇물이 다른 곳으로 흐르게 하고, 또 누각樓閣의 구조를 바꿔버려서 누대樓臺 아래 있던 옛 시내는 초목이 무성하게 우거져서 올라가 조망하기에 도무지 어울리지 않았다.

풀과 나무는 단풍나무, 계수나무, 비파나무, 회나무, 주목赤木, 향나무紫檀이 있었는데, 단풍나무가 3분의 2를 차지하였고, 계수나무는 정양사, 마하연 두 절에 각각 한 그루씩 있었는데, 정취가 진짜 같은 맛이 없었다. 수령水嶺 동쪽에는 비파나무가 가장 많았는데, 유점사에 이르러야 소나무와 가래나무가 있었다. 마하연 뜰 서쪽 어귀에 지공초指空草라는 것이 있어 승려들이 돌로 단을 쌓아 귀중하게 보호하고 있었다. 또 기이한 화초 하나가 있어서 잎이 여섯 개, 혹은 여덟, 아홉 개씩 나 있으며 아주 두꺼웠는데, 이름이 없기에 내가 억지로 '패다엽貝多葉7)'이라고 이름을 붙였다.

고적으로는 장안사에 무진등無盡燈이 있는데, 형태와 구조는 겨우 남아있지만 문빗장도 이미 부서진 것이니, 바로 원元나라 순제順帝가 사신을 보내어 만들게 한 것이었다. 절 위에는 읍연泣淵이 있는데, 부자 김동金同이 빠져 죽은 곳이라 하니, 말이 허황되기 그지없었다. 정양사에는 푸른 사리舍利 한 개를 유리그릇에 안치하였는데, 원나라 순제가 희사한 것이었다. 당번幢幡8)은 넓고도 길어서 펼치면 땅에 닿고도 많이 남았다.

---

7) 패다엽(貝多葉): 패엽(貝葉). 옛날 인도에서 철필(鐵筆)로 불경의 경문(經文)을 새기던 다라수(多羅樹)의 잎이다. 두껍고 단단하며, 잎을 그어 상처를 내면 흑갈색으로 변하여 글씨를 기록할 수 있었다.
8) 당번(幢幡): 큰절의 문 앞에 세우는 깃대인 당(幢)과 설법할 때 절 안에 세우는 깃대인 번(幡)을 아울러 이르는 말이다.

만폭동에 있는 평평한 바위 위에는 "봉래풍악 원화동천蓬萊楓岳元化洞天"이라는 여덟 글자가 커다랗게 새겨져 있는데, 바로 양사언楊士彦[9] 공이 쓴 것이다. 천 길 되는 바위 모퉁이에 학의 둥지가 있었는데 청학靑鶴이 바야흐로 고개를 외로 틀고 한 다리를 든 채 졸려는 참이었다.

보덕굴普德窟 관음전은 한쪽 모퉁이는 구리 기둥으로 받쳤고, 한쪽 모퉁이는 나무 기둥을 받쳐 공중에 매달린 구조였는데, 마치 제비 둥지 같았다. 다시 두 갈래 쇠줄로 한쪽 끝은 전각의 기둥에, 한쪽 끝은 암석에 박아 얽어 동여매었는데, 아래로 천 길이나 되어 사람이 전각 위로 다니면 흔들거려 두려웠다. 마하연의 높은 봉우리 한 곳에는 동굴이 있어서 묘길상 아래 석벽에 새겨진 미륵상을 환하게 볼 수 있었는데, 바로 연우延祐 2년1315. 충숙왕 4 4월에 새겨진 것이었다. 유점사에는 원나라 순제가 희사한 노비에 관한 칙서와 우리나라 세조世祖 대왕의 사신지舍身旨[10]가 있었는데, 끝에 작고 붉은 전서로 혜웅惠雄, 혜온惠溫, 혜흘惠屹이라고 적어놓았다.

산의 한 줄기가 동북쪽으로 통천군通川郡 해변까지 이어져 총석정叢石亭이 되고, 뭍을 따라 4, 5리에 걸쳐 있는데, 바위들이 기둥처럼 크고 모두 육면체를 이루고 있었다. 높이는 어떤 것은 두세 길, 어떤 것은 대여섯 길이며, 어떤 것들은 백여 개의 기둥이 합해져 한 무더기가 되고, 어떤 것들은 40, 50개의 기둥이 합해져 한 무더기가 되었으며, 어떤 것은 바다로 떨어져 나가 섰거나, 어떤 것은 육지에 붙어 서 있었다. 중간 부분에서 남쪽은 우뚝 서서 봉우리를 이루었고, 북쪽으로는 가로 쌓여 언덕이 되었다. 그중에 네 봉우리가 가장 높고 또 기이하니, 이름을 '사선봉四仙峯'이라

---

9) 양사언(楊士彦, 1517~1584)을 말한다. 양사언의 자는 응빙(應聘), 호는 봉래(蓬萊)·완구(完邱)·창해(滄海), 해객(海客), 본관은 청주(淸州)이다. 해서(楷書)와 초서(草書)에 뛰어나서 안평대군(安平大君), 김구(金絿), 한호(韓濩)와 함께 조선 전기 4대 명필(名筆)로 꼽힌다.

10) 사신지(舍身旨): 세조가 직접 내린 유지이거나, 유점사가 원찰이므로 특별히 중 몇 명을 면천해준다는 첩지인 듯하다.

고 하였다. 바위 무더기가 혹은 연밥 같기도 하고, 혹은 세속에서 만들어 쓰는 거북무늬 베갯머리 같기도 하고, 혹은 굽은 다리, 상다리 같았는데 각각 짜임새가 있었다. 육지와 6, 7리 떨어진 바다 가운데 섬이 있었는데, 동굴이 있어 배가 다닐 수 있고, 바위의 단면은 또한 다 육면六面으로, 마치 꿀벌의 벌집을 공중에 달아놓은 것 같았다. 만약에 방주方舟를 타고 바다에 들어가지 않았으면, 그 진귀하고 기괴한 경관을 다 볼 수가 없었을 것이다. 안변군安邊郡에 있는 국도國島[11]의 바위들도 또한 그러하니, 이 총석정의 맥이 반드시 국도까지 이어졌을 것이라고 이곳 사람들이 말하였다.

원문原文

金剛山在關東. 古獩貊之境. 其蜿蟺扶輿之氣. 起自白頭山. 南延千餘里. 至於海上. 磅礴而鬱積. 上摩靑冥. 下壓鴻厖. 爲峯一萬二千. 環山有五 邑. 東曰通川高城杆城. 西曰淮陽金城. 山名有六. 曰皆骨. 曰楓岳. 以 山之實而得名. 曰金剛. 曰怾怛. 曰涅盤. 曰衆香城. 出於佛家者流. 余 未見佛書. 雖有閔漬之記. 秋江之論. 未知其說云何. 山有內外. 內山屬 淮陽. 外山屬高城. 水嶺爲之界. 外山形色與他山不殊. 特其石作峯巒. 峯崒高而大. 出類拔萃. 內山色白如雪爲奇耳. 入山之路有五. 先內山則 一自淮陽由楸池. 一自通川由薩嶺. 俱入長安. 薩嶺南峽狹而長. 夷曠爽 塏. 可爲隱者盤旋之地. 先外山則一自鉢淵由柏田城門. 百川之下流也. 一

11) 국도(國島): 강원도 통천군 흡곡면(지금의 강원도 통천군 자산리) 바다에 있는 섬으로, 넓이 0.1km, 둘레 1.3km 이다. 소동정(小洞庭)이 보이는 곳에 있으며, 참대가 잘 자란다고 하여 죽도(竹島)라 불렸으나 일제의 침입을 막 기 위하여 이 섬에서 자란 대나무로 활과 화살을 만들어 사용한 뒤부터 이 섬의 대나무가 사용되어 국토방위 에 큰 역할을 했다는 것이 평가되어 '나라의 섬'이라는 의미로 국도라고 이름을 고치게 되었다고 한다.

自朴達串. 直上佛頂臺. 一自狗岾由楡岾. 俱入摩訶衍. 鉢淵薩嶺佛頂三
路極峻險. 鮮或由之. 外山面目. 盡呈於養珍驛. 内山勝槩. 畢朝於正陽
寺. 峯之可名者. 曰觀音. 曰彌勒. 曰香爐. 曰兜率. 曰開心臺. 養珍驛
之所見也. 曰毗盧. 曰圓寂. 曰雁門. 曰寂滅. 曰成佛. 曰天燈. 曰彌
勒. 曰觀音. 曰達摩. 曰地莊. 曰水精. 曰日出. 曰月出. 正陽寺之所見
也. 洞壑之深僻者九龍潭爲之最. 峯巒之峻極者. 毗盧峯萬景臺望高臺.
莫之或先. 遊方者. 自非身有濟勝之具. 不能便到. 内山曇無竭所住. 外
山五十三佛所住. 住山者. 老者已盡. 新者不能指某峯爲某名. 而曇無竭之
事. 傳之不墜. 可謂長於語怪. 短於語常者. 川則萬瀑川與十王百川. 合
流於長安寺前雁門川. 右經楡岾南山. 與世尊百川指空百川. 合流於高城城
外. 世尊川上橫構閣道以通人. 寺之在沿道者. 若長安若表訓若正陽若普
德若摩訶衍若妙吉祥屬内山. 若佛頂若上下見性若楡岾. 屬外山. 而長安表
訓. 爐於劫火. 殊非舊樣. 楡岾旣灰而重新. 締構極壯. 寺門外. 舊有山
映樓. 跨澗翬飛. 水族撥刺於樓下. 極可愛. 近有監司姓任者. 令潴澗他
導. 又改樓制. 樓下舊澗. 草樹茂穢. 殊不協登眺. 草樹則楓桂枇檜赤木
紫檀. 而楓居三之二. 桂則正陽摩訶衍兩寺各有一株. 而氣味非眞. 水嶺
之東. 枇木最多. 而至楡岾. 方有松櫟. 摩訶衍庭西畔. 有指空草. 僧輩
築石爲壇以護重之. 又有一奇草. 或六出或八九出. 葉甚厚而無名. 余強
名之曰貝多葉. 古跡則長安有無盡燈. 形制僅存. 而關楗已壞. 乃元順帝
所製也. 寺上有泣淵. 富人金同陷沒之所. 語涉荒誕. 正陽有靑舍利一簡.
安於琉璃尊. 順帝所舍. 幢幡廣且長. 展則蟠於地. 萬瀑洞平地石面. 刻
蓬萊楓岳元化洞天八大字. 乃楊公士彦所書. 千仞石角. 有鶴巢. 靑鶴方
拗頸. 拳一足以眠. 普德窟觀音殿. 一角安於銅. 一角安於木柱. 懸空以
構. 如燕巢然. 復以兩鐵索. 一端釘殿柱. 一端釘巖石. 以纏縛之. 下臨

千尺. 人行殿上則動搖可怕. 摩訶衍一高峯有穴. 可洞望妙吉祥下石壁刻
彌勒像. 乃延祐二年四月也. 楡岾有順帝所舍臧獲勅. 及本朝世祖大王舍
身旨. 末有惠雄惠溫惠屹小紅篆. 山之一枝. 東北延於通川郡之海邊. 爲
叢石亭. 沿陸四五里. 石大如柱. 皆出六面. 長或二三丈或五六丈. 或合
百餘柱爲一叢. 或合四五十柱爲一叢. 或離立海中. 或附立陸地. 中半以
南. 豎立作峯. 以北橫積作堆. 其中四峯最高且奇. 名曰四仙峯. 堆者或
如蓮房. 或如俗製龜文枕頭. 或如歪脚床脚. 而各有條理. 海中距陸六七
里有島. 穴可通舟. 其石斷處亦皆六面. 如瀉蜜蜂房懸在空中. 若非方舟
入海. 不能窮其瑰瑋譎詭之觀. 安邊國島之石亦然. 此亭之脈. 必根於國
島. 土人云.

출전: 裵龍吉, 『琴易堂集』, 「金剛山記」

2

유금강산기

遊金剛山記

오준선吳駿善

오준선(吳駿善, 1851~1931): 자는 덕행(德行), 호는 후석(後石), 본관은 나주(羅州)이다. 기호학파의 맥을 이은 한말 기호 사림의 주요 인물로 호남 의병의 정신적인 지주였다. 호남 의병의 전기인 『의병전(義兵傳)』을 저술하였고 문집으로 『후석유고(後石遺稿)』가 있다.

해제解題

「유금강산기遊金剛山記」는 오준선吳駿善, 1851~1931의 『후석유고後石遺稿』에 수록되어 있다. 25일 동안 금강산의 장안사長安寺·만폭동萬瀑洞·마하연磨訶衍·유점사楡岾寺와 해금강海金剛을 둘러보고 고성읍과 경성을 거쳐 평양·개성에 도착한 다음 집으로 돌아가는 여정을 기록해 두었다. 금강산을 둘러보던 중 만폭동의 강선대降仙臺·향로봉香爐峯의 경치와 헐성루歇惺樓에 올라 경치를 보면서 그 기이한 모습에 감탄하는 것을 볼 수 있으며, 금강산의 기이하고 빼어난 여러 승경이 많다고 기록되어 있다.

국역國譯

금강산의 여러 승경은 곳곳마다 기이하지 않은 곳이 없었는데, 장안사長安寺는 매우 장대하고 화려하지만 탁 트인 맛이 적었고, 영원암靈源菴은 높고 깊으며 빼어나지만 그 자리가 협소하였다. 명경대明鏡臺만은 절벽이 천 길이나 우뚝 서서 참으로 사랑스럽고 즐길 만하였다. 만폭동萬瀑洞은 골골이 물로 주렴을 친 듯 눈발을 날리고 구슬을 뿜는 기이함이 있었다. 위아래로 못을 이룬 것이 전부 여덟 군데였는데 모두 영롱하고 맑아서 터럭 한 올도 비추어 볼 수가 있었고, 좌우에는 깎아지른 듯한 석벽이서 있어 마치 유리로 만든 세상의 옥 병풍 같았다. 그 가운데 강선대降仙臺와 향로봉香爐峯이 가장 기이한 경치였는데, 양봉래楊蓬萊[12]가 쓴 '봉래풍악

---

12) 양봉래(楊蓬萊): 양사언(楊士彦, 1517~1584)을 말한다. 양사언의 자는 응빙(應聘), 호는 봉래·완구(完邱)·창해(滄海)·해객(海客), 본관은 청주(淸州)이다. 해서(楷書)와 초서(草書)에 뛰어나서 안평대군(安平大君), 김구(金絿), 한호(韓濩)와 함께 조선 전기 4대 명필(名筆)로 꼽힌다.

원화동천蓬萊楓嶽元化洞天'이라는 여덟 글자를 보았다.

표훈사表訓寺는 장안사의 동쪽 20리쯤에 있었다. 좌우를 둘러보면 기암 괴석이 귀신이 깎은 듯하여 뭐라고 형언할 수 없었는데, 갑자기 평평한 언 덕과 너럭바위를 만나게 되었다. 표훈사는 매우 그윽하고 맑은 정취가 있 어 감상할 만했는데, 사는 중이 자못 살가워서 꿀물과 가랍떡을 올렸다. 조금 위에 있는 정양사正陽寺도 뛰어난 경치였다. 헐성루歇惺樓에 올라가니 1만 2천 봉이 눈앞에 늘어서 마치 관을 쓰고 칼을 찬 대신들이 홀을 바로 하 고 조회를 드리는 것 같고, 단정하고 바른 선비가 서로 인사를 나누며 계 단을 오르는 것 같았으며, 또 신선이 옥황상제를 뵙고 승려가 불전에 예 불을 드리는 것 같았으니, 태초에 조물주가 신묘한 능력으로 세상 밖에 이처럼 아름다운 진경을 만든 것이 아니었겠는가.

표훈사에서 10리를 가니 마하연磨訶衍이었는데, 산이 더욱 빼어나고 돌 은 더욱 뾰족해졌다. 불경을 해설하고 참선하는 승려들이 40여 명이었는 데 장엄한 자세가 볼만했다. 뒤에는 백운대白雲臺가 있고 쇠말뚝을 박아 만든 잔도棧道를 기어오르면 비로봉毗盧峯에 오를 수 있지만, 하늘 가운데 에 꽂아놓은 듯 이 산에서 가장 높은 곳이어서 젊은이도 더위잡고 오르 기 어려우니 늙은 다리로는 감히 올라갈 엄두를 내지 못했다. 여기서부터 백천교百川橋를 건너 묘길상妙吉祥13)을 구경했는데, 불상 옆에는 판서判書를 지낸 윤사국尹師國14)의 필적이 있었다. 비탈길을 오르며 구름을 뒤집어쓰 고서 내무령內霧嶺에 이르니 내금강이 끝나는 곳이었는데, 온 산에 돌 뼈대

---

13) 묘길상(妙吉祥): 금강산 내금강지역에 있는 만폭동 골짜기의 높이 40m 벼랑에 새긴 고려시대의 마애불이다. 본래 아미타여래상(阿彌陀如來像)이었으나 18세기 말 마애불 오른쪽 아래에 음각으로 '묘길상'이라고 새긴 때 부터 묘길상으로 부르게 되었다고 한다.

14) 윤사국(尹師國, 1728~1809): 자는 빈경(賓卿), 호는 직암(直庵), 본관은 칠원(漆原)이다. 1759년(영조 35) 알성문 과에 병과로 급제하여 내외직을 두루 거쳤다가 1783년(정조 7) 사은부사(謝恩副使)로 청나라에 다녀왔다. 나 이 80세가 되자 숭록대부(崇祿大夫)에 승진하여 판돈녕부사(判敦寧府使)가 되었다. 서예에 뛰어난 재주가 있 어 조정의 금보(金寶)·옥책(玉冊)과 당시 사찰·누관(樓觀)의 편액(扁額)을 많이 썼다.

가 울퉁불퉁하고 소나무와 단풍나무가 빽빽하게 우거져 혹은 비스듬하고 혹은 누운 듯했으며, 도끼조차 들이지 않았으니, 사람 사는 곳과는 아득히 멀리 떨어졌음을 상상할 수 있었다.

　내무령을 넘어 칠보대七寶臺를 지나 은선대隱仙臺 아래에 이르러 조금 쉬었다. 십이폭포가 기이하고 절묘하였는데, 마침 어디선가 약초 캐는 이가 오기에 산삼을 캤느냐고 물으니 연일 흐리고 비가 와서 빈손으로 돌아간다고 하였다. 효운동曉雲洞을 지나 유점사楡岾寺에 이르렀으니 마하연에서부터 대략 50리였다. 이곳은 외금강의 큰 절이었는데 누각樓閣의 웅대함이나 터전의 광활함이 장안사보다 나았다. 신라 때 53불佛이 서방에서 막 와서는 아홉 용을 몰아내고 못을 메워 절을 세웠는데, 지금도 불상이 느릅나무 뿌리에 걸려 있다고 하니 참으로 기이한 일이다. 승려는 70여 명이고 손님의 숙소도 매우 화려했는데 승려 홍응하洪應夏와 김동선金東宣이 마중을 나와 잘 접대하였고 이날 밤에는 비가 내렸다. 다음 날 맑기를 기다려 불전을 둘러보았는데 중이 보여주는 옛 물건이 자못 괴상하여서 구경할 만했고, 또 우리 세조世祖 대왕과 성종成宗 대왕이 내리신 여러 보물도 있었다. 아침 후에 드디어 출발하여 안개를 무릅쓰고 20리를 가서 개잔령開殘嶺을 넘어 고성읍高城邑에 이르러서 유숙하였다.

　해금강을 보려고 10리를 가서 입석포立石浦에 도착해 배를 타고 바다로 나가니, 바다 가운데 바위봉우리가 마치 연꽃이 막 피어나는 것 같고 상을 벌여 음식을 차려놓은 듯했는데, 금강산에 비하면 모양은 닮았으나 규모는 작았다. 돌아와 기슭에 올라 삼일포三日浦를 바라보았는데, 바로 사선四仙[15]이 예전에 놀던 곳이었다. 둘레가 10여 리이고 바깥의 물이 드나들

---

15) 사선(四仙): 신라시대 4선(四仙)인 영랑(永郎)·술랑(述郎)·안상(安祥)·남랑(南郎)을 말한다. 삼일포의 주변은 36봉우리로 둘러싸여 있으며, 호수 안에 4개의 섬이 있고, 그중 하나에 이 사선이 놀고 갔다는 사선정이 있다. 4개의 섬 이름은 사사선(四四仙)·무선대(舞仙臺)·봉락대(鳳樂臺)·석대(石臺)이다. 호수 북쪽 석면에는 '영랑

지 않으니 완연히 거울 같은 한 구비 호수였는데, 지극히 맑고 사랑스러웠다. 저녁에 온정리溫井里에 이르러 기숙하였다.

만물상을 보려고 산길로 15리를 갔지만, 구름과 안개가 가득하여 구름인지 산인지 구분할 수가 없어서 부득이 가마를 돌렸다. 또 신계사神溪寺와 구룡연九龍淵 등을 보러 가려 했지만, 근력이 따르지 못할뿐더러 비가 연일 축축이 내려서 중도에 길을 바꾸어 장전포長箭浦로 내려왔는데 또한 큰 항구였다. 통천通川에 이르러 총석정叢石亭을 보았는데, 정자의 빈터에 빼어남을 다투는 기암괴석이 마치 옥으로 빚은 죽순 같았다. 저녁에 해변의 도회지인 원산元山에 들어갔는데, 바닷길을 다니는 각지의 장사치들이 돛에 바람을 넣고 파도에 배를 실어 안개와 구름이 자욱하게 낀 사이로 드나드는 모습이 또한 장관이었다.

다음 날 수레를 타고 곧장 경성京城으로 향했다. 남산南山에 올라서 눈을 들어 보니 산하山河의 경이로움이 있었다. 마침내 아주 작게 "그 누가 술 마시러 새 정자에 오를까. 눈물짓던 예전과는 너무나도 다르네[何人更上新亭飮 大不如前灑淚時]"라는 시구를 읊조렸다. 다시 여흥이 일어 곧장 평양平壤으로 향했는데, 산천은 수려하고 인물은 번화해 옛일을 생각하니 감개가 무량하고 작금의 현실에 가슴이 아파서 흥망의 회포를 견딜 수 없었다. 대동강에 배를 띄우고 온종일 노닐었더니 가슴이 시원하게 탁 트였다.

다음 날 개성開城에 들어가 만월대滿月臺를 보며 고려 국운의 종말을 한탄하고, 선죽교善竹橋를 지나면서 충신의 순절에 감격하여 머뭇거리며 서성댔지만, 오래 있을 수 없어 돌아와 수레에 올랐다. 다음 날 저녁, 집에 돌아왔으니 왕복에 모두 25일이 걸렸다.

도남석행(永郎徒南石行)'이라고 새겨져 있고, 그중 2자는 단서(丹書)로 되어 있어 단서석(丹書石)이라고 부른다.

빼어난 경치를 유람한 것을 돌이켜 생각해 보니 강산이 눈앞에 역력하여 마치 천 리 밖에서 미인과 이별하고 그리워하며 잊을 수 없는 것과 같았다. 마침내 그 시작과 끝을 기록하여 때때로 한 번씩 펼쳐보면서 종소문宗少文[16]의 와유고사臥遊故事[17]로 삼으려고 한다.

원문原文

夫金剛諸勝. 無處不奇. 而長安寺甚壯麗. 而少軒敞. 靈源菴則高深奇絶. 而但局勢狹窄. 惟明鏡臺一面. 有壁立千仞. 絶可愛玩. 萬瀑洞則谷谷水簾. 有碎雪噴珠之奇. 上下成潭者. 凡八處. 皆玲瓏澄澈. 髮可以鑑. 左右石壁削立. 如琉璃界玉屛風. 其中降仙臺香爐峯最奇. 觀. 楊蓬萊所書. 蓬萊楓嶽元化洞天八字. 表訓寺在長安東二十里. 方左右顧眄. 奇巖怪石. 如神剜鬼削. 不可名狀之際. 忽得平岡盤陀. 寺甚幽邃. 淸致可賞. 居僧頗款曲. 進以蜜水柏餠. 稍上有正陽寺. 亦勝景. 登歇惺樓. 則萬二千峯. 羅列眼前. 如冠劍大臣. 正笏立朝. 端人正士. 揖讓升階. 又如仙翁釋子. 朝玉皇而禮佛殿. 未知太始之初. 化工之妙. 糢出世外. 眞境如是耶. 由表訓十里. 得磨訶衍. 山益秀. 石益瘦. 僧徒說經糸禪者四十餘. 而威儀可觀. 後有白雲臺. 攀鐵棧. 可登毗盧峯. 此山之最高處. 如揷天中. 少年猶難攀過. 老脚不敢議到. 自此踰百川橋. 觀妙吉祥. 佛像傍有尹判書師國筆. 躙磴披雲. 至內霧嶺. 則內山盡處. 全山皆石骨破碏. 松檜楓柏.

---

16) 종소문(宗少文): 종병(宗炳, 375~433)을 말한다. 중국 남조(南朝)의 화가로 자는 소문(少文)이다. 서예와 회화 및 탄금에 뛰어났으며 불교에 심취하여 여산의 중 혜원(慧遠)이 주지한 백련사(白蓮社)에 가입하였다. 저서로 최초의 산수화론(山水畵論)인 『화산수서(畵山水序)』가 있다.

17) 와유고사(臥遊故事): 종병은 자신이 유람하며 보았던 경물을 모두 집안 벽에다 그려 놓고는 "맑은 마음으로 도를 바라보니 누워서도 유람하도다[澄懷觀道, 臥以遊之]"라고 하였다.

矗立森森. 或欹斜. 或偃臥. 而斧斤不入. 可想其人境絶遠矣. 踰嶺過七
寶臺. 至隱仙臺下少憩. 十二瀑殊奇絶. 適有採藥人從何而來. 問採蔘乎.
曰以連日陰雨. 空還云. 過曉雲洞. 到楡岾寺. 自摩訶衍. 凡五十里. 此
是外山大刹也. 樓閣之雄傑. 洞府之寬曠. 勝於長安寺. 新羅時五十三佛.
自西方初來. 驅出九龍. 而塡沼建寺. 至今佛像. 掛著楡根云. 誠異事也.
僧徒七十餘. 旅館甚華麗. 僧洪應夏金東宣出迎款接. 是夜雨. 翌日待晴.
歷觀佛殿. 寺僧示以古物. 頗奇怪可玩. 又有我世祖成宗所賜諸寶. 朝後
遂發. 霧行二十里. 踰開殘嶺. 抵高城邑. 留宿. 爲見海金剛. 十里行到
立石浦. 乘船泛海. 海中石峯. 如初發芙蓉. 如列案飣餖. 比之金剛. 則
具怚而微者也. 反而登岸. 向三日浦. 乃四仙舊遊處也. 周回十餘里. 無
客水出入. 而宛是鏡湖一曲也. 清絶可愛. 暮抵溫井. 寄宿. 欲見萬物相.
山行十五里. 雲霧彌天. 雲山不辨. 不得已回駕. 且欲往觀乎神溪寺九龍
淵諸處. 而不但筋力未逮. 陰雨連日霏霏. 中途改路. 下長箭浦. 亦一大
港也. 抵通川. 見叢石亭. 亭墟. 但奇巖競秀. 如玉筍矣. 暮入元山. 乃
海上一都會也. 閩商海賈. 風帆浪舶. 出入於煙雲渺靄之間. 亦一壯觀也.
翌日. 乘車. 直向京城. 登南山擧目. 有山河之異. 遂微吟. 何人更上新
亭飮. 大不如前灑淚時之句. 更將餘興. 直向平壤. 山川秀麗. 人物繁華.
感古傷今. 不勝興亡之懷. 泛舟大同江上. 遡流一日. 覺胸襟軒豁. 翌日.
入開城. 見滿月臺. 歎麗運之末終. 過善竹橋. 感忠臣之殉節. 徊徨彳亍.
不可以久. 反而登車. 翌暮抵家. 往還凡二十五日也. 回思勝遊. 江山歷
歷眼前. 如別美人於千里之外. 戀戀不能忘也. 遂記始末. 時一披覽. 以
當宗少文之臥遊故事.

출전: 吳駿善, 『後石遺稿』, 「遊金剛山記」

3

유설악기

遊雪嶽記

홍태유洪泰猷

홍태유(洪泰猷, 1672~1715): 자는 백형(伯亨), 호는 내재(耐齋)이고, 본관은 남양(南陽[唐])이다. 1689년(숙종 15) 2월 환국(換局)으로 남인(南人)이 정권을 잡은 뒤 부친이 유배되어 6월에 사사(賜死)되는 등 가문의 불행을 겪은 뒤, 여주(驪州)의 이호(梨湖)에 내려가 내재(耐齋)를 짓고 우거(寓居)하였다. 평생 벼슬을 하지 않고 학문에 전념하면서 단양(丹陽), 오대산(五臺山), 설악산(雪嶽山), 한계산(寒溪山), 금강산(金剛山) 등의 산천을 유람하면서 많은 시문을 남겼다. 가선대부(嘉善大夫)·이조참판(吏曹參判)·당은군(唐恩君) 등에 추증되었다. 문집으로 『내재집(耐齋集)』이 있다.

해제解題

「유설악기遊雪嶽記」는 홍태유洪泰猷, 1672~1715가 이종사촌과 5촌 조카와 함께 설악산雪嶽山을 다녀와서 기록한 유람기로서 『내재집耐齋集』에 수록되어 있다. 홍태유는 설악산이 금강산金剛山과 견주어도 손색이 없을 정도 뛰어난 곳이라고 말하고 있다. 그리고 설악산의 승경들 중 십이폭十二瀑이 가장 으뜸이라고 하였다. 한편, 그는 설악산이 산수山水에 대한 고상한 마음과 튼튼한 두 다리가 없으면 갈 수 없는 곳이라 하여 그 산세의 험함도 함께 기록해 두었다.

국역國譯

인제현麟蹄縣을 지나 동북쪽으로 30리를 가서 삼차령三叉嶺에 이르게 되었고, 고개를 넘으니 계곡이 매우 깊었다. 양쪽으로 산이 절벽처럼 서 있었는데, 나무가 빽빽하고 숲이 울창하여 밑에서 하늘을 쳐다보니 겨우 베 한필을 늘어놓은 듯하였다. 그러나 해는 정오가 되고 달은 자정이 되어야 비로소 비춰드니 이른바 자오곡子午谷[18]이었다. 점점 밑으로 내려오면서 평평해지고 계곡 물이 점차 불어났으며, 가는 데마다 이끼 낀 돌들이 있었다. 몇 리를 가지 않아 시냇물을 만났는데 서쪽으로 흐르다가 합해지니 바로 곡백담曲百潭 하류였다. 언덕은 모두 흰 돌이고, 평지는 모두 큰 소나무가 짙푸르게 우거져 있었다.

---

18) 자오곡(子午谷): 자오도(子午道)라고도 한다. 고대 진령(秦嶺)을 가로질러 넘어가는 계곡 길이었다. 북쪽 입구는 지금의 섬서성 서안(西安) 남쪽 진령(秦嶺)의 한 골짜기가 된다. 남쪽 입구는 섬서성(陝西省) 양현(洋縣)인데, 고대의 관중(關中)과 파(巴)·촉(蜀)을 연결하는 교통 요지였다. 서한 말기에 뚫린 길이다.

소나무 숲이 끝나면 비로소 밭이 나오고, 밭가에 열아홉 채의 집이 모여 촌락을 이룬 것이 바로 난계역亂溪驛이었다. 다시 10여 리를 더 가다가 시내를 건너니 갈역촌葛驛村이었는데, 더욱 볼품이 없었고 마을은 모두 판잣집이었다. 마을 앞이 삼차령의 고갯길로 통하여 상인들이 끊이지 않았는데, 오히려 순박해서 길가에 사는 사람들의 고약한 인심과는 달랐다. 이곳을 지나니 좁은 길에 삐쭉삐쭉한 돌들이 많아서 말을 타고 가기 어려워 비로소 나막신을 신고 걸었다.

마을 앞에서 시내를 따라 들어갔는데, 몇 발자국 가지 않아 곡백담曲百潭을 만났다. 문득 우뚝한 봉우리를 바라보니, 뾰족하게 천 길이나 곧바로 솟구쳐 마치 죽순竹筍이 처음 나오는 것처럼 매우 기이하였다. 그 밑으로 맑은 못이 있고 못가는 흰 바위였는데, 물이 펼친 듯 잔잔히 흐르고 물고기 수십 마리가 활발하게 놀고 있었다.

이곳부터는 산이 한 번 돌면 물이 한 번 굽이치고 돌마다 기이함을 드러내면서 얕은 못이 되기도 하고 깊고 푸른 못이 되기도 하며, 발을 드리운 듯 떨어지는 폭포가 되기도 하고 뿜어내듯 떨어지는 폭포와 누운 듯 비스듬히 떨어지는 폭포가 되기도 하며, 반석이 되기도 하고 층벽層壁이 되기도 하여 앉아서 구경할 만한 것이 거의 이루 다 셀 수가 없었다. 이곳은 오히려 설악산의 겉으로 드러난 경치일 뿐이지만, 그 물과 돌의 장관은 이미 사람의 마음을 시원하게 씻어주었다.

30리를 걸었는데, 모두가 돌길이고 험한 벼랑이어서 짐을 지고 아이를 안은 듯이 조심조심 기면서 지나왔다. 그래서 잔도棧道에 부회負回나 포회抱回라는 이름이 있는 모양이다. 돌길이 끝나자 다시 험한 고개를 만났고, 고개가 끝나자 비로소 산이 열려 툭 터진 곳을 만났는데, 서너 채의 촌가村家가 시내를 사이에 두고 자리 잡고 있었다. 처음 이곳으로 올 때 삼차령

위에서 인가人家의 밥 짓는 연기를 보았는데, 문득 신선들이 사는 별천지인가 싶었다.

다시 시내를 따라서 5리를 가니 심원사深源寺였다. 절 앞 봉우리가 자못 가파르고 시냇물은 요란한 소리를 내는데, 밤에는 물소리가 더욱 들을 만할 것 같았다. 절을 지나서 동쪽으로 겨우 몇 리를 가니 김창흡金昌翕19)의 삼연정사三淵精舍20)가 있었는데, 특이한 것은 바로 서루書樓였다. 봉우리 일대가 가로로 늘어섰는데, 마치 짐승이 웅크린 것 같기도 하고, 새가 돌아보는 것 같기도 하고, 사람이 면류관을 쓰고 가는 것 같기도 하여 그 형상이 수천 가지였다. 색 또한 맑고 깨끗해서 보름달이 비치는 밤 같기도 하고, 싸락눈 흩뿌리는 아침 같기도 하여 티끌만한 속기도 없었으니, 이곳을 찾아서 여기에 산 사람이 또한 고결한 사람이라는 것을 알 수 있었다.

다시 시내를 따라 1리쯤 올라가니 유홍굴兪泓窟이었다. 굴은 말할 만한 특별한 경치가 없었다. 다만 비스듬히 누운 바위 하나가 반쯤 구부려 감실龕室을 만들었는데, 그 속에는 몇 사람이 들어갈 만했다. 옛날에 유송당兪松塘21)이 이 산에서 놀았는데, 그때 쉴 만한 절이 없어서 이 굴에서 잠을

---

19) 김창흡(金昌翕, 1653~1722): 자는 자익(子益), 호는 삼연(三淵), 본관은 안동(安東)이다. 좌의정(左議政) 상헌(尙憲)의 증손자이며, 영의정(領議政) 수항(壽恒)의 셋째 아들이다. 김창집(金昌集)과 김창협(金昌協)의 동생이기도 하다. 형 창협과 함께 성리학과 문장으로 널리 이름을 떨쳤다. 과거에는 관심이 없었으나 부모의 명령으로 응시했고 1673년(현종 14) 진사시에 합격한 뒤로는 과거를 보지 않았다. 김석주(金錫冑)의 추천으로 장악원주부(掌樂院主簿)에 임명되었으나 벼슬에 뜻이 없어 나가지 않았고, 기사환국(己巳換局) 때 아버지가 사약을 받고 죽자 은거했다. 이조판서(吏曹判書)에 추증되었으며 양주의 석실서원(石室書院) 등에 제향되었다. 저서로 『삼연집(三淵集)』·『심양일기(瀋陽日記)』 등이 있다.

20) 삼연정사(三淵精舍): 1705년 김창흡이 설악산 백연동에 귀은(歸隱)할 결심으로 벽운정사(碧雲精舍)를 지었는데, 1708년 정사가 불타버리자 조원봉(朝元峰) 아래에 옮겨짓고 암자를 영시암(永矢菴), 누각을 완심루(玩心樓)라고 하였다.

21) 유송당(兪松塘): 유홍(兪泓, 1524~1594)을 말한다. 자는 지숙(止叔), 호는 송당(松塘)이고 본관은 기계(杞溪)이다. 1553년(명종 8) 별시문과에 급제하여 사관(史官)이 되었다. 1557년 강원도암행어사(江原道暗行御史)로 파견되었으며 이후 경상도관찰사(慶尙道觀察使)·평안도관찰사(平安道觀察使)·한성부판윤(漢城府判尹) 등을 역임했다. 1587년 주청사(奏請使)로 명나라에 가서 조선의 요구에 따라 종계(宗系)를 바로잡은 『대명회전(大明

잤기 때문에 이렇게 이름을 붙였다고 했다.

굴에서 오른쪽의 위태로운 돌 비탈길로 돌아서 십이폭동十二瀑洞으로 들어가니, 그 계곡과 돌의 경치가 곡백담과 비슷하지만 더욱 맑고 아름다웠다. 좌우의 눈 쌓인 듯한 봉우리는 삼연정사에서 본 것과 비슷하였는데 더욱 기이하고 장대하였다. 그 사이에 높고 가파른 절벽이 층층이 겹쳐져 우뚝 솟아 있고, 나무는 모두 단풍과 노송이었는데, 바야흐로 가을이 되어 선홍빛이어서 마치 그림 병풍으로 꾸민 것 같기도 하고, 자수 병풍을 늘어놓은 것 같기도 하여, 화려하면서도 특별한 아름다움이 사람들로 하여금 놀라면서도 기쁨에 젖게 하였다. 매양 앉는 자리에서마다 돌아보고 차마 떠나지 못하였는데, 이 골짜기에 들어서서 위아래로 십수 리에 걸쳐 볕이 들지 않는 곳이 많았다.

오후 늦게야 십이폭十二瀑에 다다랐다. 모두 위는 폭포이고 아래는 못이었는데, 제멋대로 휘날리면서 높은 절벽을 씻어 내리니, 기세는 사납고 소리는 우렁찼다. 제4폭포 이상은 세 폭포가 서로 이어져 마치 베를 풀어놓은 듯 흘러내리다가, 중간이 좁아져 절구처럼 되었다가 못으로 떨어지는데, 그 색이 새까매서 깊이를 헤아릴 수 없었다.

제1폭은 좌우에서 두 줄기로 흐르는데, 오른쪽 길이는 몇백 척이고 왼쪽 길이는 그 3분의 2 정도였다. 그 사이에 또 몇십 걸음 되지 않은 곳에 쌍무지개가 서로 마주 떠서 밝은 햇빛에 찬란하게 빛났지만, 그 밑의 돌이 모두 미끄러워 가까이 보러 갈 수 없었다. 폭포 오른쪽에 있는 바위는 조금 평평하여 앉아서 볼만했는데, 폭포에서 멀리 떨어져 있는데도 날리는 물보라는 서늘하고 안개처럼 자욱하게 허공에 흩날려 사람의 옷자락을 적셨다. 비록 그 기이함을 좋아하여 서성거리며 주변을 떠나기 어려웠지만, 지나치게 서늘하여 오래 머물지는 못하였다.

왼쪽 폭포를 거쳐, 남쪽으로 가서 절벽을 올랐다가 다시 내려와 상류를 따라 거슬러 올랐는데, 길이 끊겨서 찾을 수 없어 오랫동안 방황하다가 문득 시냇가를 보니, 바위에 돌을 얹어놓은 것이 있었는데 의미가 있는 듯했다. 따라 왔던 중이 "이 돌은 전에 참선하던 스님이 예전에 오갈 때 길을 표시하기 위해 가져다 둔 것입니다"라고 하였다. 이로부터 이후로는 길에 의심나는 곳마다 번번이 다 돌이 있어서 헤매지 않을 수 있었다. 그러나 갈수록 산이 점점 험하여, 우거진 숲을 헤치고 바위벼랑을 더위잡아 오르면서, 지팡이에 의지하고 조심조심 발을 옮겨 겨우 넘어지는 것을 면했다. 산수山水에 대한 고상한 마음과 제승구濟勝具[22]를 지닌 자가 아니라면 비록 가고 싶어도 갈 수 없을 것이다. 그렇게 20리를 갔으나 아직도 깊은 산과 어지러운 숲 속에서 벗어나지 못하였고, 황혼의 하늘빛이 더욱 어둑해져 바야흐로 나갈 곳을 알지 못할까 두려웠는데, 문득 작은 암자 하나가 바위산 사이에서 보였다가 안 보였다가 하니 나도 모르게 마음과 눈이 밝아져 마치 오랜 친구를 만난 것 같았다. 암자에 이르니 암자는 비어 있었지만, 부엌에는 불씨가 남아 있고 불감佛龕[23]에는 향이 타고 있어서 중이 떠난 지 얼마 되지 않았음을 알 수 있었다.

암자의 이름은 봉정鳳頂이고 설악산 9부 능선의 높은 곳에 자리를 잡았는데, 여러 산 중에 앞에서 우러러보는 것은 모두 봉정암이 그 산꼭대기를 어루만지는 듯하였고, 뒤쪽 봉우리는 앞쪽보다 더욱 높았지만, 여기에

---

22) 제승구(濟勝具): 명승지를 두루 돌아다니며 놀 때 가지고 가는 도구를 말하는데, 튼튼한 두 다리를 뜻하기도 한다.
23) 불감(佛龕): 불상을 모셔 두는 집 모양으로 된 장으로 좌우에 여닫는 문이 있다.

이르러 보니 몇 길 높이의 바위에 지나지 않을 뿐이어서, 암자가 높은 곳에 있음을 헤아려 알 만하였다. 처음 도착했을 때는 숲이 우거진 봉우리가 적막하기만 하였는데, 밤중이 되자 바람이 크게 일어 만규萬竅[24)가 함께 불어대는 듯하고 암벽과 골짜기가 흔들렸다. 그러나 하늘색은 맑고 밝으면 봉정암의 위와 아래가 반드시 이와 같지는 않을 것이니, 아마도 또한 처한 곳이 높고 바닷바람이 산봉우리에 부딪쳐서 그런 듯하였다.

아침에 봉정암에서 왼쪽으로 탑대塔臺에 오르니 큰 돌이 있었고 그 위에 탑을 포개놓았는데 마치 부도浮屠 같았다. 중이, "이곳에 석가모니부처의 사리舍利가 모셔져 있습니다"라고 했다. 방향을 바꾸어 오른쪽으로 향하니 더욱 높고 탁 트여, 앞으로 푸른 바다를 바라보니 아득히 끝이 없어 또한 하나의 장관이었다. 여기에서 절벽을 더위잡고 5, 6리 내려와 조금 평평한 곳에 이르렀는데, 암벽巖壁과 천석泉石의 빼어난 경치가 또한 십이 폭十二瀑 하류보다 못하지 않았다. 또 20여 리 가니 폐문암閉門巖이 나왔는데, 이곳이 이 골짜기에서 가장 아름다운 곳이었다. 양쪽으로 절벽이 깎은 듯이 서 있는데, 우뚝 솟은 것이 마치 문을 잠가놓은 것 같아서 인간세상과 신선세상의 경계 같았다.

폐문암에서 오른쪽으로 높은 고개 하나를 넘으니 오세암五歲菴이었다. 산봉우리가 기묘하고 빼어났는데, 모두 삼연정사에서 본 것보다 비교적 낮다고 하였으나, 비를 만나 낭패하여 일일이 찾아갈 수 없는 것이 한스러웠다. 계곡을 따라서 내려오다가 다시 유홍굴을 만났는데, 설악산 유람도 여기서 끝나버렸다.

무릇 봉정암鳳頂菴을 유람하는 사람은 유홍굴을 거쳐 왼쪽으로 가면, 먼

---

24) 만규(萬竅): 대지 위에 있는 크고 작은 구멍을 말한다. 『장자(莊子)』「제물론(齊物論)」에 "대괴(大塊)가 기운을 내뿜는 것을 바람이라고 한다. 바람이 불지 않으면 그만이지만, 일단 불었다 하면 온갖 구멍이 여기에 응해서 성내며 부르짖는다[夫大塊噫氣 其名爲風 是唯無作 作則萬竅怒號]"라고 하였다.

저 폐문암閉門巖을 구경하고 나중에 십이폭에 이르게 되고, 유홍굴을 거쳐 오른쪽으로 가면, 먼저 십이폭을 구경하고 나중에 폐문암에 이르게 되니, 유람遊覽의 순서를 말하자면 대체로 이와 같다.

설악산은 관동關東·관서關西에 우람하게 걸쳐져 있는데, 그 북쪽은 양양襄陽이고, 그 남쪽은 인제麟蹄이다. 양양 쪽의 볼만한 경치로는 식당폭食堂瀑과 계조굴戒祖窟을 일컫지만, 나는 가보지 못했다. 인제麟蹄 쪽의 볼만한 경치로는 곡백담曲百潭·심원사深源寺·삼연정사三淵精舍·십이폭十二瀑·봉정암鳳頂菴·폐문암閉門巖을 일컫는데, 이 모두는 내가 이미 소상히 기록하였다. 만약 그 산봉우리와 천석의 기이함을 논하자면 십이폭十二瀑이 으뜸이 된다.

나는 명산名山을 많이 구경하였다. 오직 금강산만 이 산과 더불어 서로 엇비슷할 뿐, 다른 곳은 대항할 만한 곳이 없다. 그러나 금강산의 명성은 중국에 파다하지만, 이 산의 아름다움은 비록 우리나라 사람이라 하더라도 아는 자가 드무니, 이 산은 실로 산 중의 은자隱者이다. 그러므로 내가 그 아름다움을 이와 같이 상세하게 서술하여 장차 이로써 명승지를 유람한 고향의 벗들에게 자랑해 보이고, 또 세상 사람 중에 이름난 산수를 찾아다녀도 다 알지 못하는 사람들에게 그 길을 열어주고자 한다.

함께 유람한 사람들은 자字가 수보受甫인 종중宗中 사람과 자가 도언道彦인 이종동생 임 군任君, 자가 진백振伯인 5촌 조카 이 군李君이었고, 따라온 중은 성문省文과 의준義俊이었다.

원문原文

由麟蹄縣東北行三十里. 抵三叉嶺. 旣踰嶺則谷甚深. 兩山壁立. 樹密而

林鬱. 自下視天. 僅如匹練. 然日月至子午. 而始光照焉. 眞所謂子午谷也. 稍下而平. 溪水漸大. 往往有蒼然之石. 未數里. 値大溪水. 西流而合. 卽曲百潭下流也. 岸皆白礫. 平地皆千章之松. 蒼老鬱然. 松盡而始有田. 田上八九家. 聚成一村. 卽亂溪驛也. 又行十里餘. 渡溪得葛驛村. 村居益寥落而皆板屋. 前通嶺路. 商賈不絶. 而尙能淳款. 不似路傍人風也. 過此則逕多嶄巖之石. 不可以馬. 始理屐而行. 自村前循溪而入. 未數步. 得曲百潭. 忽瞻特峯. 矗矗然千丈直聳. 如竹筍之初生. 奇已甚矣. 其下澄潭. 潭上白石. 水平鋪而流. 有魚數十. 方洋洋而遊. 自是山一回水一曲. 石一逞奇. 而爲淺潭爲深綠之潭. 爲水簾爲噴瀑爲臥流之瀑. 爲盤石爲疊壁. 可坐而可玩者. 殆不可周數也. 此猶雪嶽之淺境耳. 其水石之壯. 已爽人襟抱矣. 行三十里. 皆石路危崖. 攀緣負抱. 重足而過. 故棧有負回抱回之名焉. 石路窮而又得一峻嶺. 嶺窮而始得山開而洞豁. 有村三四家. 隔溪而居. 初自嶺上. 望有人煙. 怳然以爲僊源別界也. 又循溪行五里. 得深源寺. 前峯頗奇峻. 溪流激激然. 淸夜尤有聲可聽. 由寺而東僅數里. 得金三淵精舍. 其異者直書樓. 有峯一帶橫開. 如獸蹲. 如禽顧. 如人冠冕而行. 其狀百千. 色又皎潔. 如明月之夜. 如微霰之朝. 無一點塵埃氣. 得此而居者. 亦知爲高人也. 又循溪而上里餘. 得兪泓窟. 窟無異勝可言. 特一偃石半俯而成龕. 其中可容數人. 昔兪松塘遊此山. 而時無寺可休. 乃經宿於窟. 以是名云. 由窟而右轉一危磴. 入十二瀑洞. 其溪石之勝. 類曲百潭. 而愈益淸瑩. 左右雪峯. 類三淵舍所見. 而愈益奇壯. 間有高嶂絶壁. 攢聳重疊. 樹皆楓栝. 方秋鮮紅. 如糚畫障而列繡屛. 炫煥詭特. 令人可驚而可喜. 每坐處. 眷顧不忍去. 入此洞上下十數里之間. 失晷爲多也. 晩乃到十二瀑. 皆上瀑下潭. 橫放峻盪. 勢激聲壯. 第四瀑以上. 三瀑相連. 流如布練. 中狹成槽而墜之潭. 其色正黑.

不可測其深也. 第一瀑. 左右雙流. 右長幾百尺. 左長三減其一. 間又不能數十步. 而雙虹相對. 耀日炫彩. 下石皆滑. 不可迫視. 右邊有巖稍平可坐而望. 去瀑遠. 飛沫凄凄. 漫空霧靄. 尚能潤人衣裾. 雖愛其奇徘徊難捨. 而過清不可久也. 由左瀑而南. 登崖又下. 循其上流而行. 路斷不可尋. 彷徨者久之. 忽見溪上. 巖有累石. 若不無意者. 從僧言此入定僧前往還時所置. 以爲路標也. 由是以往路疑處. 輒皆有石. 賴以不迷. 然益峻險披薈翳. 攀崖石扶杖慎足. 而後僅免顚仆. 非雅意山水有濟勝具者. 雖欲至而不能也. 行二十里. 尚不離乎窮山亂林之中. 而暝色已蒼蒼然起矣. 方憂恐不知所出. 而忽有一小菴隱見於巖巒間. 不覺心眼俱明如逢故人矣. 至菴. 菴空火在竈. 香炷佛龕. 知僧去亦不多時也菴號鳳頂. 高得雪嶽十之九. 諸山之前所仰而視者. 皆若撫其巔. 後峯較尤高. 而至此則亦不過數仞石耳. 其巍然可測而知也. 初至時. 林巒寂然而已. 及夜半. 風大作萬竅俱號. 巖壑爲動. 然天色清明. 上下未必如此. 蓋亦處地高. 海風相激而然也. 朝自菴左登塔臺有大石. 其上累塔如浮屠. 僧云釋迦佛舍利藏於是. 轉而向右. 益高而豁. 前. 望滄海. 迷茫無際. 亦一壯觀也. 自此攀壁而下五六里. 至稍平處. 巖壁泉石之勝. 亦不下於十二瀑之下流. 又二十里餘. 得閉門巖. 最爲此洞佳處. 兩壁削立. 簪峙如門關然. 若與塵世限矣. 自巖而右. 踰一峻巘. 爲五歲菴. 峯巒之奇秀. 盡三淵舍所見而較優云. 逢雨狼狽. 不可歷尋爲可恨也. 循溪而下. 復與兪泓窟會. 遊事亦至此而窮矣. 凡遊鳳頂者. 由窟而左. 則先閉門而後十二瀑. 由窟而右. 則先十二瀑而後閉門. 言遊覽次第. 大抵如此. 雪嶽之爲山. 雄跨關東西. 其陰則襄陽. 其陽則麟蹄. 襄之勝稱食堂瀑戒祖窟. 而余未見者. 麟之勝稱曲百潭深源寺三淵精舍十二瀑鳳頂菴閉門菴. 而皆余之所已詳者. 若論其峯巒泉石之奇. 十二瀑爲最也. 余見名山多矣. 惟金剛可與此山相

伯仲. 其他無有能與抗者. 然金剛名播中華. 而此山之勝. 雖東人. 知者
蓋寡. 則此山實亦山之隱者也. 故余詳敍其勝如此. 將以誇視鄉里之朋遊.
而又開夫世之求名山水而未盡知者. 同遊者. 宗人受甫其字. 姨弟任君道
彦其字. 從姪李君振伯其字. 從僧省文義俊.

출전: 洪泰猷, 『耐齋集』, 「遊雪嶽記」

4

설악기

雪嶽記

정범조 丁範祖

정범조(丁範祖, 1723~1801): 자는 법세(法世), 호는 해좌(海左)이며, 본관은 나주(羅州)이다. 1759년(영조 35) 진사시에 합격하였고, 1763년 증광 문과에 갑과로 급제한 뒤, 공조참의(工曹參議)·풍기군수(豊基郡守)·양양부사(襄陽府使)를 거쳐 1794년, 지돈녕부사(知敦寧府使)가 되어 기로사(耆老社)에 들어가면서 형조판서(刑曹判書)에 승진, 지춘추관사(知春秋館事)를 겸임하였다. 그 뒤 78세가 되던 정조(正祖) 말년까지 조정에 머물며 예문관(藝文館)·홍문관(弘文館)의 제학(提學)으로서 문사(文詞)의 임무를 맡았다. 1800년 정조가 죽자 정종행장찬술당상(正宗行狀撰述堂上)으로 뽑혀 만장 7율 10수를 지었다. 시율과 문장에 뛰어나 사림의 모범으로 명성을 얻었고, 또 이로 인해 영조(英祖)와 정조의 총애를 받았다. 문집으로 『해좌집(海左集)』 39권이 있다. 시호는 문헌(文憲)이다.

해제解題

「설악기雪嶽記」는 무술년1778 가을 정범조丁範祖, 1723~1801가 양양군수襄陽郡守로 부임하는 길에 설악산을 보고서 유람할 것이라 생각하고, 그다음 해 3월 17일부터 22일까지 장현경張顯慶·채재하蔡載夏 등 5명과 함께 유람하고 기록한 것이다. 유람기 말미에는 사자봉獅子峰을 시작으로 자신들이 가보았던 장소에 대한 위치와 각 장소 간의 거리도 함께 기록하였다.

국역國譯

무술년1778 가을에 내가 양양군수로 부임하는 길에 북쪽으로 설악을 바라보니 구름 가에 우뚝하여 아주 장대하였으나, 공무가 급박하여 유람하러 갈 수가 없었다. 다음 해 3월 상운역祥雲驛, 양양군 손양면 역승驛丞 사옹士顒 장현경張顯慶25) 군, 양양 선비 채재하蔡載夏 군과 약조하여 함께 출발하였는데, 척질 신광도申匡道, 사위 유맹환兪孟煥, 아들 약형若衡이 따랐다.

신축3월 17일. 신흥사에서 묵었다. 절을 빙 둘러서 천후天吼, 울산바위, 달마達摩, 토왕土王 같은 여러 봉우리가 있었는데, 모두 외설악산의 봉우리들이었다.

임인18일. 신흥사 승려 홍운弘運에게 가마를 인도하게 해서 북쪽으로 비선동飛仙洞을 거쳐 들어가니, 봉우리 모양과 물소리가 벌써 정신을 시원하게 해주었는데, 고개를 들어 절벽을 바라보니 깎아 세운 듯이 수백 발이

---

25) 장현경(張顯慶, 1730~1805): 호는 추담(秋潭)이고 본관은 흥성(興城)이다. 1752년(영조 28)에 정시(庭試) 병과에 16등으로 급제하여 춘추관 기사관 겸 홍문관 박사(春秋館記事官兼弘文館博士), 춘추관 기주관(記注官)과 편수관(編修官)을 지냈다. 정조(正祖) 20년(1796년)에 삼례 역승(驛丞)으로 좌천되었으나, 임금에 대한 원망 대신 오히려 임금을 그리워하는 「사미인가(思美人歌)」를 지었다.

나 높이 서 있어서 가마에서 내려 걸어서 올라갔다. 절벽이 모두 돌계단이어서 한 계단마다 숨을 몰아쉬면서 올랐는데, 다만 사옹이 아직 아래쪽 계단에 있으면서 따라갈 수 없다고 민망해 했다. 마척령馬脊嶺을 오를 때, 갑자기 큰 바람이 일고 안개가 끼고 비가 내려서 사방이 다 어슴푸레하였는데, 홍운이, "여기가 중설악中雪嶽입니다. 날이 개면 설악산 전체를 볼 수 있습니다"라고 아뢰었다.

저물 무렵에 오세암五歲庵에 들어가니 기이한 봉우리가 사방에서 옹위하면서 가까이 사람에게 달려드는 듯하였지만, 중간에 흙으로 된 굴이 뚫려 있어 고즈넉하게 암자를 품고 있었는데, 매월당梅月堂 김시습金時習 공이 일찍이 여기에서 은둔하였다. 암자에는 초상화 두 점이 있었는데, 매월당을 유학자로 그려 놓은 것과 불자로 그려둔 형상이었다. 나는 차마 떠나지 못하고 서성거리며 서글픈 느낌에 사로잡혔다. 공이 오세동五歲童이라고 자호하였으므로 이 암자의 이름이 된 것이었다.

계묘19일. 왼쪽 기슭을 넘어 아래로 내려오다가 길을 꺾어 오른쪽으로 향하여 큰 골짝을 따라 위로 올라갔다. 고갯마루의 형세가 마척령보다 더 험준하여 밧줄로 끌며 앞장선 사람과 뒤에서 미는 사람이 서로 꼭 붙어 10리를 가서야 사자봉獅子峰 꼭대기에 올랐다. 여기가 상설악上雪嶽이었는데, 하늘과 땅을 채운 것이 모두 산이었다. 고니가 나는 듯하고 칼이 서 있는 듯하며 연꽃봉오리 같은 것은 모두가 산봉우리요, 질그릇 같고 솥 같으며 동이 같고 항아리 같은 것은 모두가 골짜기였다. 산은 온통 바위이고 흙이 없으며 짙푸른 빛깔은 마치 무쇠를 쌓아놓은 듯했다. 사자봉 동쪽 움푹하면서도 조금 널찍한 곳에 '봉정암鳳頂庵'이 있었는데, 전하는 말에 고승高僧 봉정鳳頂이 상주했다고 하였다.

사자봉을 거쳐 아래로 내려가서 벼랑을 따라 남쪽으로 가니, 벼랑이 좁아 가까스로 발을 디딜 정도였는데, 발을 내딛는 곳마다 낙엽이 쌓여있거나 돌무더기가 무너져 내렸거나 나무가 넘어져 있어 벌벌 떨려 건너갈 수가 없었다. 좌우측 산들은 모두 기이한 봉우리들로 숲의 나무 위로 번갈아가며 솟아났고, 물은 뒤쪽 고개에서부터 흘러와 골짝을 두루 덮으며 아래로 내려가고 있었다. 골짝이 온통 돌이고, 맑고 밝기가 마치 눈과 같았는데, 물이 그 위를 덮어 흐르고 바위 모양이 솟았다가 엎드리고, 우묵 파였다가 불룩 튀어나오고, 널찍하다가 좁아지기도 했는데, 물이 그렇게 만든 것이었다.

대략 폭포를 이룬 것이 열 몇 개였는데 쌍폭雙瀑이 특히 기이하였다. 못이 되기도 하고 보洑가 되기도 하며, 넘쳐흐르기도 하는 것을 이루 다 헤아릴 수 없었는데, '수렴水簾'이라고 불리는 것이 가장 기이하였다. 이런 것을 종일 구경하다가 영시암永矢庵으로 들어갔는데, 이 암자는 바로 삼연三淵 김창흡金昌翕이 이름 지은 것으로, 일찍이 이곳에서 은거했다고 하였다. 봉우리와 골짜기가 그윽하고 기이하며, 작물을 심을 수 있는 흙이 있고, 향기로운 숲과 무성한 나무들이 많으며, 밤새도록 두견새 울음소리가 끊이지 않았다.

갑진20일. 물을 건너서 남쪽으로 가니, 골짜기 안과 골짜기에 흐르는 물에 모두 나무와 바위가 뾰족뾰족 솟아서 발을 디딜 수가 없었다. 조금 더 올라가니 바위가 모두 흰색이다가 돌연히 자적색紫赤色의 너럭바위로 변하였고, 수면 왼쪽 가의 바위절벽은 검푸른 빛이었는데, 물이 절벽 가운데에서 갈라져 콸콸거리며 쏟아졌다.

앞에 있는 고개가 매우 험준하여 가마에 엎드려 올라갔다. 왼쪽 기슭을 따라 아래로 백 걸음 내려가자 앞에 몇십 발이나 되는, 푸르고 깨끗한 높은 석벽이 막아서는데, 꼭대기에서부터 아래로 나는 듯이 쏟아져 내리는 폭포는 흰 무지개처럼 영롱하였고, 바람이 잠깐 잡아채자 가운데가 끊어져서 안개처럼 눈처럼 가볍게 홀홀 날려 허공에 가득하였으며, 물거품이 때때로 옷까지 불어왔다. 하인에게 피리를 불게 하여 폭포소리와 서로 응답하게 하자, 맑고 명랑한 소리가 온 골짝에 울렸는데, 여기가 바로 한계폭포寒溪瀑布였다. 내가 홍운에게, "이런 것이 또 있는가?"라고 물었더니, "없습니다"라고 대답하였는데, 풍악산楓嶽山의 구룡폭포九龍瀑布보다 훨씬 장관이었다. 동남쪽은 숲과 골짝이 아주 아름다웠고, 동쪽은 오색령五色嶺으로 비적痞積26)에 효과가 있는 영천靈泉이 있으며, 수석이 많아서 바라보니 그윽하고 괴이하였지만, 해가 저물어 끝까지 가 볼 수가 없었다. 고개를 넘어 돌아와 백담사에 이르러 묵었다.

을사21일. 북쪽으로 나가서 비선동飛仙洞 뒤 고개를 따라 내려갔는데, 고갯마루가 매우 가파르고 온통 구멍 뚫린 돌들이 깔려 있어 자칫 발을 헛디디면 곧바로 자빠져서 죽을 것만 같았다. 남쪽으로 마척령 등 여러 봉우리들을 손가락으로 가리키면서 바라보노라니 하나하나가 모두 구름가에 뚜렷하여 어떻게 내가 그 꼭대기에 올라갈 수 있었는지 도무지 알수가 없었다. 신흥사에서 묵고 병오22일에 돌아왔다.

설악은 인제와 양양의 두 고을에 자리 잡고 있는데, 인제가 그 4분의 3을 차지하고 있다. 사자봉의 동쪽은 청봉晴峰으로 사자봉보다 조금 더 높아 보이지만, 올라가서 볼 만한 것은 동해까지 뿐이고, 서쪽 남쪽 북쪽의 설악산 여러 봉우리 중에 사자봉보다 더 좋은 것이 없으므로 결국 오르지 않았다. 사자봉의 남쪽은 쌍폭雙瀑과 수렴水簾이고, 서쪽은 오세암五歲庵이며, 또 그 서쪽은 영시암永矢庵이고, 다시 그 서쪽은 백담사百潭寺이며, 그

---

26) 비적(痞積): 비괴(痞塊)라고도 한다. 날것과 찬 것 및 기름진 음식을 지나치게 많이 먹음으로써 생기는 병으로 가슴이 그득하고 답답하며 흉격이 막혀 통하지 못하는 등의 증상이 나타난다.

북쪽은 멀리 바다에 잠겨있었는데, 풍악산이 마치 상투처럼 푸르게 솟아 있고, 한계폭포는 그 서남쪽에 있었다.

신흥사에서 오세암까지 40리, 오세암에서 사자봉까지 40리, 사자봉에서 영시암까지 40리, 영시암에서 한계까지 30리, 한계에서 백담사까지 30리, 백담사에서 신흥사까지 40리이니, 설악산을 빙 둘러서 갈 수 있는 거리는 모두 220리인데, 가마를 타고 갈 수 있는 거리는 모두 40리이다.

원문原文

戊戌秋. 余赴襄陽任. 北顧雪嶽. 巉巉雲際甚壯. 而迫吏事. 不克往遊焉. 翌年三月. 約祥雲丞張君顯慶士膺州之士人蔡君載夏. 同發. 戚姪申匡道女婿兪孟煥家兒若衡從. 辛丑宿神興寺. 環寺而爲天吼達摩土王諸峰. 皆雪嶽外麓也. 壬寅. 命寺僧弘運者. 導肩輿. 北由飛仙洞入. 峰態水聲. 已覺爽人神魄. 仰視絶壁. 削立數百尋. 捨輿而登. 壁皆石級. 一級一喘. 顧士膺猶在下級也. 謝不能從行. 登馬脊嶺. 忽大風作. 霧雨窈冥四塞. 弘運告是爲中雪嶽也. 日晴則見嶽之全體云. 薄暮入五歲庵. 奇峰四擁. 森然欲搏人. 而中開土穴. 窈然受庵. 梅月堂金公時習. 嘗遯于此. 庵有二眞. 寫公儒釋狀. 余爲低佪悲之. 公自號五歲童. 故庵名. 癸卯. 踰左麓而下. 折而東. 循大壑而上. 嶺勢視馬脊加峻. 絚而前後推者相附麗. 十里而後. 登獅子峰絶頂. 是爲上雪嶽. 而塞天地皆山也. 若鵠翔若劍立. 若菡萏者皆峰. 若若釜. 若盎甕者皆谷. 山皆石無土壤. 深青若積鍊色. 獅子之東. 稍陂衍. 有庵名鳳頂. 傳高僧鳳頂常住云. 由獅子下. 緣崖而南. 崖窄僅容趾. 趾所循爲積葉爲崩石爲僵木. 凌兢不可度. 而左右山

皆奇峰. 迭出林木上. 水自後嶺來. 布谷而下. 谷皆石. 晶瑩若雪而水被
之. 石勢之起伏凹凸廣狹而水形焉. 大畧爲瀑者十數. 而雙瀑益奇. 爲潭
爲洑爲漫流者不勝計. 而稱水簾者益奇. 若是者竟日. 而入永矢庵. 庵卽
金三淵昌翕所名. 嘗隱于此云. 峰壑幽奇. 有土可種. 多芳林茂樹. 終夜
聞杜鵑聲. 甲辰. 渡水而南行. 谷中谷水. 皆木石槎枒. 不受足. 稍上而
石盡白. 忽變紫赤盤陀. 水面左邊石壁紺碧. 水歧瀉其中決決鳴. 前有嶺
甚峻. 伏興而登. 循左麓而下百步. 前對石壁幾數十尋. 色蒼潔. 瀑從巓
飛下. 玲瓏如白蜺. 風乍掣則中斷爲烟雪. 飄灑滿空. 餘沫. 時時吹人衣.
令從者吹簒. 與瀑聲相應答. 瀏亮一壑. 是爲寒溪瀑也. 余謂弘運曰. 復
有此否. 曰. 無之矣. 過楓嶽九龍瀑遠甚矣. 東南林壑絶美. 東爲五色嶺.
有靈泉. 宜痞積. 多水石. 望之幽怪. 而日暮不可窮. 踰嶺邊. 抵百潭寺
宿. 乙巳. 北出之. 循飛仙洞後嶺而下. 嶺懸急. 皆錯石多竅. 少失足則
輒僵仆. 而南指馬脊諸峰. 歷歷雲際. 不知何以能致我於其上也. 宿神興.
丙午還. 雪嶽據麟襄二州. 而麟得四之三. 獅子峰之東. 爲晴峰. 視獅子
差高. 而所得止東海. 西南北之爲雪嶽. 無加得於獅子. 故不果登. 獅子
之南爲雙瀑水簾. 西爲五歲. 又其西爲永矢. 又其西爲百潭. 遠海涵其北.
楓嶽青出若螺髻. 寒溪瀑在西南. 自新興至五歲四十里. 五歲至獅子四十
里. 獅子至永矢四十里. 永矢至寒溪三十里. 寒溪至百潭三十里. 百潭至
神興四十里. 環雪嶽而可行者凡二百有二十里. 可興者凡四十里.

출전: 丁範祖, 『海左集』, 「雪嶽記」

5

유설악록

遊雪嶽錄

김몽화金夢華

김몽화(金夢華, 1723~1792): 자는 성민(聖民)이고, 호는 칠암(七巖), 본관은 선산(善山)이다. 1754년 문과 급제하여 1789년에 가선대부(嘉善大夫)에 올랐다. 저서 중에서 「유설악록(遊雪嶽錄)」은 1787년에 양양군수(襄陽郡守)로 있을 때, 당시 관동관찰사(關東觀察使)로 있던 해석(海石) 김재찬(金載瓚)과 인제군수(麟蹄郡守) 오원모(吳遠謨)와 함께 설악산을 돌아다니며 느낀 아름다움, 특히 비선대(飛仙臺)·와선대(臥仙臺)·사미대(沙彌臺)의 절경을 기록한 것이다.

해제解題

「유설악록遊雪嶽錄」은 김몽화金夢華, 1723~1792가 양양군수로 부임한 뒤, 정미년1787 9월 4일부터 8일까지 순찰사巡察使 김재찬金載瓚·인제군수麟蹄郡守 오원모吳遠謨와 함께 설악산을 유람하고 기록한 것이다. 산에 오르는 것과 학문에 대한 성취가 같은 것으로 여기고 이 모두를 힘써 노력해야 함을 강조하였다. 한편, 고금古今의 유람객들이 설악산은 버리고 풍악산楓嶽山, 금강산으로 가는 것에 대하여 매우 안타까워하기도 한다. 그러면서 산수山水를 잘 보는 눈을 가지고 이를 정사政事에 적용하면 만물을 안정시키고 백성을 포용하게 될 것이라 말하고 있다.

국역國譯

정미년1787 방백 김재찬金載瓚 인제군수麟蹄郡守 오원모吳遠謨

설악산雪嶽山[27]은 양양襄陽과 인제麟蹄의 경계에서 우뚝한데 몹시 빼어나서 우리나라의 이름난 산이 되었다. 내가 양양군수郡守가 된 다음 해 봄에 산골에서 농부를 위로하려고 처음으로 신흥사神興寺에 가서 계조굴繼祖窟을 보았다. 굴 위에는 바위봉우리가 펼쳐 서서 계조굴을 안고 있었고, 굴 아래에는 흔들바위가 있어서 모두 기이한 볼거리였다. 가을이 되어 산을 마음껏 유람하고 싶었지만 내 흥취를 북돋워 줄 만한 사람이 없었는데,

---

27) 설악산(雪嶽山): 강원도 속초시·양양군·인제군·고성군에 걸쳐 있는 산으로 높이는 1,707m이다. '제2의 금강산'이라고 불린다. 『동국여지승람(東國輿地勝覽)』에 의하면 한가위에 덮이기 시작한 눈이 하지에 이르러야 녹는다 하여 설악이라 불린다고 하였다. 또 『증보문헌비고(增補文獻備考)』에서는 산마루에 오래도록 눈이 덮이고, 암석이 눈같이 희다고 하여 설악이라 이름 짓게 되었다고 하였다. 그 밖에 설산(雪山)·설봉산(雪峯山)이라고도 불렀다.

마침 순찰사巡察使 김재찬金載瓚28) 공이 설악산에 오른다는 소식을 들었다.

9월 초사흘 정묘일. 곧장 신흥사로 향했다. 이날은 가랑비가 막 개어 산빛이 그림 같아서 단풍을 감상하기에 알맞았다. 토왕성土王城 아래를 지나다가 폭포29)를 올려다보니 물줄기가 수천 길 허공에 걸려 있었다. 식당동食堂洞에 들어가 와선대臥仙臺·비선대飛仙臺 등을 보고 다시 신흥사 해풍루海楓樓로 돌아와 묵었다.

초나흘 무진일. 만경령晚頃嶺을 넘어 영시암永矢菴 어귀에 이르렀고, 사미대沙彌臺에 올라 잠시 쉬면서 순찰사가 한계寒溪에서 폭포를 본다는 소식을 들었는데, 내가 생각해보니 해가 질 즈음에 대승령大乘嶺을 넘을 것이므로 먼저 암자에 들어가 기다렸다. 이곳은 삼연三淵 김창흡金昌翕이 세상을 피해 지은 암자 터이고 오른쪽에 유허비각遺墟碑閣이 있었다.

밤 10시경에 순찰사가 도착하자 직접 찾아가 뵙고 "함께 유람하고자하는 뜻을 전하였는데", 상공이 "험하고 끊어진 곳을 넘어야 하니, 아마도 노인네에게 좋은 계획이 아닐 듯싶습니다"라고 하였다. 내가 "양양은 본래 설악산의 절반을 차지하니 비록 주인이라고 부르더라도 지나치지 않습니다. 주인이 비록 늙었지만 감히 귀한 손님의 뒤를 따르지 않을 수 있겠습니까? 아울러 상공은 하늘의 바람을 타고 신선이 사는 산을 오르니, 반드시 신선술을 익혔을 것입니다. 하관下官이 유안劉安의 닭과 개30)가 되고

---

28) 김재찬(金載瓚, 1746~1827): 자는 국보(國寶), 호는 해석(海石), 본관은 연안(延安)이다. 1774년에 정시 문과에 급제하였다. 1809년 영의정(領議政)이 되어 영남 지방의 대동미 3분의 1과 호남 지방의 대동미 4분의 1을 아울러 줄이도록 조처하였다. 순조(純祖) 묘정에 배향되었다. 저서로는 『해석집(海石集)』·『해석일기(海石日記)』 등이 있고, 편서로는 『이문원강의(摛文院講議)』가 있고, 시호는 문충(文忠)이다.

29) 폭포: 토왕성폭포(土王城瀑布)를 말한다. 강원도 속초시의 서쪽 설악산국립공원 내의 외설악에 위치한 폭포다. 노적봉 남쪽 토왕골에 있다. 토왕성은 『여지도서(輿地圖書)』「양양도호부(襄陽都護府)」 고적조(古跡條)에 "토왕성(土王城) 부(府) 북쪽 50리 설악산 동쪽에 있다. 성을 돌로 쌓았는데, 그 흔적이 아직도 남아 있다. 세상에 전해오기를 옛날에 토성왕(土城王)이 성을 쌓았다고 한다. 폭포가 있는데, 석벽 사이로 천 길이나 날아 떨어진다"고 기록되어 있다.

30) 유안의 닭과 개[劉安雞犬]: 한나라 회남왕(淮南王) 유안(劉安)의 전 가족이 신선이 되어 올라갈 때에, 남은 약

050

싶습니다"라고 하니, 상공이 웃으며 허락했다.

초닷새 기사일. 순찰사가 앞에서 이끌고, 나와 인제군수는 뒤따랐는데 상공이 자꾸 편한 옷으로 갈아입고 따라오라고 분부하였다. 나는 산속에서 속세의 모습을 벗는 것도 한바탕 기이한 일이라고 생각하여 아무 옷이나 걸쳐 입고 갔다. 양계兩溪의 굽이에 유홍굴兪泓窟이 있는데, 예전에 강원도관찰사江原道觀察使 유홍兪泓[31] 공이 여기에서 비를 피하였다고 하여 붙여진 이름인데, 이곳이 바로 십이폭포十二瀑布의 하류였다. 순찰사는 마음에 드는 곳을 만날 때마다 반드시 가마에서 내려서 앉아 구경하였다. 돌아서 수렴동水簾洞으로 들어가니 돌길이 실 같이 이어졌는데, 비스듬히 걸려 있기도 하고 끊어져 보이지 않기도 했다. 벼랑을 따라 덩굴을 더위잡고 한 뼘 한 뼘 내려오니, 상공이 나를 돌아보고 "노인네가 걱정스럽소"라고 하여, 나도 웃으며 "하관도 상공이 염려스럽습니다"라고 하였다.

골짜기가 차츰 넓어지는데 흰 바위가 평평하게 좍 깔려 있고, 층층마다 못이 있었으며, 못마다 단풍잎이 가득하여 그야말로 이른바, "저물도록 돌아갈 것 잊었다"[32]는 곳이었다. 여기서부터 바위는 더욱 기이하고 길도 더욱 험하였다. 쌍폭雙瀑에 이르니 동쪽과 남쪽의 두 물줄기가 처음에는 나누어졌다가 끝이 다시 합하여 하나가 되었는데, 흰 바위와 맑은 못이 굽이굽이마다 아낄 만했지만, 여기를 지나니 물이 없어 비로소 물이 다한 곳에 이르렀음을 깨달았다.

산허리를 따라 가다가 봉정동鳳頂洞 어귀에 이르니, 바위봉우리가 좍 벌

그릇을 마당 가운데 두었더니, 닭과 개가 핥아먹고 함께 하늘로 올라갔다고 하였다"고 한다.

31) 유홍(兪泓, 1524~1594): 자는 지숙(止叔), 호는 송당(松塘), 본관은 기계(杞溪)이다. 1553년 별시 문과에 병과로 급제, 승문원 정자(承文院正字)·전적(典籍)·지제교(知製敎)·지평(持平)·장령(掌令)·집의(執義) 등 문관 요직을 역임하였다. 유저로는 『송당집』 4권이 있다. 시호는 충목(忠穆)이다.

32) 이제현(李齊賢)의 「운금루기(雲錦樓記)」에 "즐겁고 유쾌하게 놀면서/저물도록 돌아갈 것 잊었네[怡怡愉愉 竟日忘歸]"라고 보인다.

려 서 있었다. 순찰사가 먼저 그 아래에 도착하여 관노에게 쇠 피리를 불게 하였는데, 들어보니 마치 구산緱山의 생황소리[33]처럼 의연하였다. 봉정암에 들어서니 암자 왼쪽에 찬 우물이 있고 큰 바위가 그 위를 덮고 있는데, 올 가을에만도 세 차례나 꽁꽁 얼어붙었다. 암자 북쪽은 바위봉우리가 상투를 튼 듯이 솟았는데, 몇천 길이나 되는지 알 수 없을 정도로 높이 솟은 모습이 마치 봉황이 머리를 쳐든 듯하였다. 서쪽에는 탑대塔臺가 있고, 동쪽에는 청봉靑峯이 있었는데, 곧 맨 꼭대기였다.

나는 노쇠하여 이 산을 처음 오를 때에는 오르지 못할 듯했는데, 나아가고 나아가기를 그만두지 않음에 미쳐서는 나도 모르게 내가 서 있는 곳이 이미 높았으니, 만약에 중도에서 그만두었더라면 어찌 다시 이 위에 수많은 좋은 경치가 있는 줄 알았겠는가? 이번 행차도 참으로 순찰사가 앞서서 이끌어주는 도움이 없었더라면 바라보기만 하고 올라가지는 못했을 것이니, 정말로 학문을 성취하는 길이 비록 자기의 분수에 있어서 힘써 노력하여 게을리 하지 않는다고 하더라도, 독려하고 진작하는 것은 또한 반드시 엄한 스승과 좋은 친구를 기다려야 하는 것과 같다. 내가 일찍 퇴도退陶 선생의 시를 보았더니, "독서를 남들은 산을 유람하는 것과 같다는데, 이제 보니 산을 유람하는 것이 독서와 비슷하네[讀書人說遊山似 今見遊山似讀書]"라고 했으니, 어찌 옳지 않겠는가?

조금 뒤에 순찰사가 탑대塔臺로 올라갔지만, 나는 따라갈 수 없었다. 비록 그렇더라도 옛사람이 덕을 높이고 배움을 닦던 일은 늙었다고 잠시라도 쉴 수 없으니, 어찌 한갓 탁이卓爾[34]의 탄식만 하고서, 끝내 촛불을 밝

---

33) 구산의 생황[緱山笙]: 옛날 주 영왕(周靈王)의 태자인 왕자교(王子喬)가 백학(白鶴)을 타고 승천했다는 고사에서 온 말이다. 왕자교가 본디 생소(笙簫)를 불어서 봉황의 울음소리를 잘 냈는데, 그가 일찍이 도사 부구공(浮丘公)을 따라 숭고산(嵩高山)에 올라가서 선술(仙術)을 배운 지 30여 년 뒤에 구지산(緱氏山)에서 백학(白鶴)을 타고 승천했다는 고사가 있다.

34) 탁이(卓爾): 『논어(論語)』「자한(子罕)」에, 안연(顔淵)이 공자(孔子)의 도를 보고 탄식하여 "우러러볼 때는 더욱

히고 열심히 공부하는 것을 그만둘 수 있겠는가? 한문공[韓文公, 한유韓愈]의 시에, "어찌하여 그 재주 아껴두고서, 인생의 늘그막에 이르렀는가[於何玩其光 以至歲向晚]"라고 하였으니, 이는 내가 마땅히 힘써야 할 것이다.

초엿새 경오일. 봉정암 북쪽 오목한 곳을 따라 내려가니, 봉정암과 탑대가 교차하는 곳이었는데, 한 줄기 오솔길이 노끈을 드리운 듯 똑바로 드리워져 돌아설 곳도 없어서 부여잡고 기어내려 온 것이 10리는 되었다. 대경봉戴經峯을 지나니 첩첩 바위가 봉우리를 이루어 바위마다 무늬가 있는데, 마치 푸른 책갈피나 만 권의 두루마리 같아서 경서를 이고 있다는 대경이란 이름을 얻은 것은 이 때문이었다. 시냇물을 따라 동쪽으로 조금 가니, 온갖 나무가 우거져 어둑하고 양쪽 벼랑이 에워싸고 있었다. 몇 리를 지나서 흰 바위와 맑은 내를 만났는데, 이렇게 쓸쓸한 물가를 만난 것도 기이하였다.

잠시 쉬고 나서 구불구불한 산허리를 가다가 몇 고개를 넘어 오세암五歲菴에 이르렀다. 오세암 북쪽은 바위봉우리가 아스라하고, 서남쪽은 만경대萬景臺가 우뚝하여 온 산의 빼어난 정기가 이곳에 다 맺혔으니, 이른바 하늘이 만들고 땅이 베풀었다는 곳이었다. 암자에 매월당梅月堂 김시습金時習의 화상 2본이 있었다. 오호라! 이 분은 '오세신동五歲神童'으로 일찍부터 임금이 그 재능을 알아보았지만, 경태景泰 을해년1455, 세조 1 뒤로 미친 체하고 산에 들어갔는데, 추강秋江 남효온南孝溫35)을 비롯한 여러 공들이 그 아

___

더 높고, 뚫어보면 더욱 더 굳으며, 바라보면 앞에 있다가 어느덧 뒤에 계신다. 선생님은 차근차근 사람을 잘도 깨우쳐 주신다. 글공부로 내 눈을 넓혀 주시고, 예법으로 자신을 단속하게 하시니, 그만두자 해도 그만둘 수 없지만, 내 재주는 바닥을 본 듯하다. 서 계신 듯하지만 우뚝하여 따르고 싶어도 어쩔 수가 없구나[顏淵 喟然歎曰 仰之彌高 鑽之彌堅 瞻之在前 忽焉在後 夫子 循循然善誘人 博我以文 約我以禮 欲罷不能 旣竭吾才 如有所立 卓爾 雖欲從之 末由也已]"라고 하였다.

35) 남효온(南孝溫, 1454~1492): 자는 백공(伯恭), 호는 추강(秋江)·행우(杏雨)·최락당(最樂堂)·벽사(碧沙), 본관은 의령(宜寧)이다. 김종직(金宗直)의 문인이며, 생육신(生六臣)의 한 사람이다. 사육신(死六臣)이 단종(端宗)을 위

름다움을 찬미하였으니 맑은 풍모와 뛰어난 절의는 산처럼 높고 물처럼 길도다. 이제 초라한 암자 안에서 남긴 초상을 우러러볼 뿐이지만, 어찌 삭발하고 염주를 드리웠다고 하찮게 여기겠는가? 매월당과 함께하다가 이윽고 경의를 드리고 물러났다.

대의 북쪽에서 내려가니, 바로 어제 지났던 양계兩溪의 굽이였다. 다시 영시암에 이르렀다가 오후에 순찰사가 해풍루로 향하기에, 내가 삼가 감사의 뜻을 표하니 순찰사가 조심하라며, "부디 삼가서 대승동大乘洞으로 가는 길을 잡지는 마시오"라고 하였는데, 아마도 나의 노쇠함을 걱정하는 것이리라. 나는 그 말을 듣고 영시암에서 묵었다.

초이레 신미일. 대승동 입구에 들어서자마자 견여를 맨 승려가 넘어지면서 땅바닥에 굴러, 나는 냇물에 떨어지고 말았다. 순찰사의 말을 따르지 않아서 이런 지경에 이르렀으니, 정말로 이른바 창랑滄浪이 자초한 것[36]이었다. 조담槽潭을 지났는데 민간에서는 조槽.구유를 발음이 비슷해 '귀우歸于'라고 부른다. 내가 생각해보니 기린과 봉황, 그리고 거북과 용이 사령四靈인데, 인제麟蹄 읍에는 마을에 용두리龍頭里가 있고 암자에 봉정암鳳頂庵이 있는데, 유독 거북이가 들어간 지명은 없었다. 이제 이 조담의 바위를 보니, 등에는 무늬가 있고 꼬리가 짧고 뾰족한 것이 거북과 흡사하니, 조담을 '구미담龜尾潭'으로 바꾸어 사령 중의 모자라는 하나를 채웠으면 싶었다.

대승령에 올라서 어제 지나온 곳을 돌아보니 오세암五歲庵의 만경대萬景

하여 사절(死節)한 사실을 「육신전(六臣傳)」이라는 이름으로 저술하였다. 고양의 문봉서원(文峰書院), 장흥의 예양서원(汭陽書院), 함안의 서산서원(西山書院), 영월의 창절사(彰節祠), 의령의 향사(鄉祠) 등에 제향되었다. 저서로는 『추강집(秋江集)』·『추강냉화(秋江冷話)』·『사우명행록(師友名行錄)』·『귀신론(鬼神論)』 등이 있다. 시호는 문정(文貞)이다.
36) 창랑이 …… 것[滄浪自取]: 창랑이 맑고 흐린 것에 따라 갓끈을 씻게 되고 발을 씻게 되는 것이니, 그것은 창랑 저 자신에 달려 있다는 말이다. 자업자득을 이름.

臺와 영시암의 남대, 그리고 만경령의 좌우 봉우리들이 모두 무릎 아래에 있고, 오로지 봉정암만이 앞 봉우리에 가려져 볼 수가 없었다. 산허리를 따라 10리쯤 내려오니, 여기가 바로 한계폭포寒溪瀑布, 대승폭포였다. 관폭대觀 瀑臺에 오르니, '구천은하九天銀河'라고 크게 쓴 네 글자가 새겨져 있는데, 이 곳은 정말로 하늘과 땅이 재주를 다한 곳이고, 조화옹이 마음에 들어서 만들어놓은 곳이었다. 어제 본 십이폭포와 비교한다면, 한계폭포는 세류 영細柳營의 참된 장군이요, 십이폭포는 극문棘門과 패상霸上의 어린아이 장 난[37]과 같으니, 반드시 한계폭포가 십이폭포를 아래에 두는 까닭이 있으 리라. 관폭대 아래 길은 지극히 험하여 아래로 내려다보면 끝이 없고, 날 카로운 사이마다 바위들이 이빨 같이 빈틈없이 들어차 있어서, 몹시 두려 워 당장 떨어질 듯하였으니, 반맹견班孟堅[38]의 유인幽人의 꿈[39]이 더러 이와 같지 않았을까 싶었다.

한계령寒溪嶺을 향하다가 수석水石이 아름다운 곳을 만났다. 가마에서 내 려 가마꾼들을 쉬게 하고 냇물을 떠서 밥을 말아 먹었다. 냇가에 큰 바위 가 있었는데, 바위 좌우로 단풍나무가 환하게 비쳐서 '정거암停車巖'이라고 부르고 싶었다. 한계령을 넘으니 이곳이 바로 오색五色이었다. 바위봉우리 가 가파르게 솟아 펼쳐졌는데, 여기도 설악산의 한 줄기였다. 오색촌에서 묵었다.

초여드레 임신일. 일찍 일어나 약수藥水를 다섯 사발이나 마셨더니, 며 칠간의 고생스럽던 일들이 모조리 털구멍으로 빠져나가는 것 같았다. 양

---

37) 세류영(細柳營)의 …… 장난: 한 문제(漢文帝)가 주아부(周亞夫)가 장군으로 있는 세류영에 이르렀으나, 군사 들이 명령한 바가 없다는 이유로 문을 열어 주지 않았다. 문제가 군영으로 들어가 돌아보고 말하기를 "정말 장군다운 장군이다. 엊그제 패상(霸上)과 극문(棘門)의 군대는 어린아이 장난하는 것 같았다"라고 하였다.

38) 반맹견(班孟堅): 후한 때의 대학자 반고(班固, 32~92)를 말한다. 맹견은 그의 자이며, 부풍(扶風) 안릉(安陵) 사 람이다. 낭관(郎官)이 되어 전교비서(典校秘書)에서 『한서(漢書)』를 찬사(撰寫)하는 데 힘썼는데, 이는 부친 반 표(班彪)의 유업(遺業)을 계승한 것이다.

39) 유인(幽人)의 꿈: 반고(班固)가 가세가 갑자기 몰락할 때, 그 감회를 지은 『유통부(幽通賦)』의 내용을 말한다.

현凉峴을 넘으니, 아전이 사람과 말을 끌고 마중하러 왔다.

아! 세상에서 산수를 이야기하는 사람은 반드시 풍악楓嶽과 설악을 아울러 칭송한다. 읍지邑誌에도 "백두산 남쪽에서 설악이 가장 높다"라고 하였거니와, 이 산은 크고 깊고 넓어서 수백 리에 걸쳐 뻗었는데, 그 사찰의 빼어난 경치와 대와 굴의 기이함, 그리고 폭포의 장대함 등은 풍악산과 서로 어금버금하지만, 유독 개탄스러운 것은 고금의 유람객은 설악산을 버리고 풍악산으로 가니, 풍악산 정양사正陽寺 문밖은 늘 유람객의 발길로 가득 차지만, 설악산 수렴동水簾洞 속은 오래도록 이끼 낀 길에 덮여 있었다. 그러므로 풍악산에 대한 유산록遊山錄은 많지만 설악산에 대한 유산록이 조금밖에 보이지 않는 것은, 고인이 머물던 땅과 은자가 거주하던 곳이 매몰되어서 세상에 알려지지 않은 것 때문이 아니겠는가? 아마도 산수가 알아주는 사람을 만났느냐 만나지 못했느냐 하는 것도 만나고 못 만나는 그 사이에 운수가 있는 것이 아니겠는가?

이제 내가 구경한 곳은 겨우 3분의 2에 불과하지만, 모두 바위봉우리가 높고 가팔라서 바라볼 수는 있어도 오를 수는 없었다. 또한 식당동에서 남쪽으로 마배麻背를 넘어 반야대般若臺에 오르면 내설악의 무수하게 기운찬 형상이 앞에서 드러나 빼어난 경치를 이루고, 또한 식당동에서 동쪽으로 돌아 오르면 안팎으로 바위 문이 있으며, 더 나아가 오르면 사면이 모두 바위병풍인데, 그 가운데 높은 대臺가 있어서 가장 빼어난 곳이라고 들었지만, 인적이 드물어 세상에서 그곳을 아는 이가 없었다. 비록 그렇지만 오묘한 곳이란, 모조리 다녀보고 두루 찾는 데에 있지 않고 발이 닿고 눈이 미치는 바깥에 있는 것이니, 발과 눈이 도달한 바에 국한되어 몸과 마음에서 직접 경험해야 한다는 것을 알지 못하는 자는 산수를 잘 보는 자가 아니다.

산에 있어서는 반드시 그 중후한 본체를 알아야 하고, 물에 있어서는 반드시 그 두루 흐르는 작용을 본받아야 한다. 그런 뒤에 배움의 바탕으로 삼으면 어진 사람은 정적이고 지혜로운 사람은 동적이라는 묘리를 깨달아, 이를 정사에 적용하면 만물을 안정시키고 백성을 포용하는 효험이 있다. 이와 같은 것은 참으로 산수를 즐기는 데에서 얻을 수 있는데, 그렇지 못한다면 다만 부질없이 유람만 할 뿐이니 무슨 이로움이 있겠는가? 부족하나마 이를 기록함으로써 훗날 산에 들어가는 자가 힘쓸 바로 삼는다.

중양일에 설악주인雪嶽主人이 쓰다.

원문原文

丁未 方伯金載瓚麟蹄守吳遠謨.

雪嶽峙襄麟界. 傑然爲東國名山. 余守襄陽之明年春. 因勞農山間. 一至神興寺. 觀繼祖窟. 窟上石峯張拱. 窟下有動石. 儘奇觀也. 至秋. 欲遍遊山中. 而未有助發其興趣者. 適聞巡相公登雪嶽. 九月初三日丁卯. 直向神興. 是日. 微雨新晴. 山光如畵. 於賞楓爲宜. 過土王城下. 仰觀瀑沛掛流數千丈. 入食堂洞. 觀臥仙飛仙等臺. 還宿神興之海楓樓. 初四日戊辰. 踰晚頃嶺. 至永矢菴洞口. 登沙彌臺. 少憩. 聞巡相觀瀑於寒溪. 度日暮當踰大乘嶺. 故先入菴以候焉. 卽金三淵避世卜築之地. 右有遺墟碑閣. 夜二更 巡相至. 余晉見 道 願從之意. 相公曰. 踰越險阻. 恐匪老人良圖也. 余曰. 襄州本雪嶽一半. 雖謂之主人. 不爲過也. 主人雖老. 敢不從大賓之後乎. 且相公挾天風而昇仙嶽. 必得鍊丹之術. 下官願爲劉安雞犬矣. 相公笑而許之. 初五日己巳. 巡相前導. 余與麟蹄守從之. 相

公亟命便服從行. 余念山中脫俗態. 亦一奇事. 故穿褻衣而行. 兩溪之曲. 有兪泓窟. 昔兪公以方伯避雨於此. 因以得名. 此卽十二瀑下流也. 巡相遇適意處. 必下藍輿而坐. 轉入水簾洞. 石逕如線. 或欹或斷. 緣崖攀藤. 寸寸而下. 相公顧余曰. 爲老人慮. 余笑曰. 下官亦爲相公慮矣. 洞壑稍豁. 白石平鋪. 層層作坎. 丹葉滿潭. 眞所謂竟日忘歸處也. 自此石益奇而路益險. 至雙瀑. 東南兩流始分. 而二之末復合爲一. 白石淸潭. 曲曲可愛. 過此則無水焉. 始覺行到水窮處也. 由山腰而行. 至鳳頂洞口. 有石峰森羅. 巡相先到其下. 命官隷吹鐵笛. 聽之依然. 如縱山笙. 入鳳頂菴. 菴左有冽井. 大石蓋于上. 今秋已三合氷. 菴北石峯束聳. 不知其幾千仞. 如鳳鳥昂頭. 西有塔臺. 東有靑峯. 卽最上頭也. 余老矣. 上山之初. 若不能躋攀. 及其進進不已. 自不覺其占地步已高. 若使半塗而廢. 則豈復知上面有許多好光景哉. 且今行. 苟無巡相先導之力. 則亦不能嚮望而有所跂及. 政猶學問之功. 雖在於自己分上. 勉焉不怠. 而若夫策勵而振發者. 亦必待於嚴師畏友. 嘗見退陶老先生詩曰. 讀書人說遊山似. 今見遊山似讀書. 豈不信然哉. 俄而巡相登塔臺. 而余則不能從. 雖然古人進修之力. 不以晚暮而間斷. 豈可徒發卓爾之歎. 而遂廢秉燭之功哉. 韓文公詩曰. 於何玩其光. 以至歲向晚. 此又余之所當勉者也. 初六日庚午. 從菴北凹處而下. 鳳頂菴塔臺之交也. 一條路如繩直垂. 無容旋處. 攀緣而下者. 可十里. 過戴經峯. 矗石成峯. 而石皆有文. 如綠籤萬軸. 峰之得名者以此. 循溪而稍東. 萬木陰翳. 兩厓迴合. 過數里而遇白石淸川. 得此於寂寞之濱者. 亦奇矣. 少憩而行逶迤山腰. 踰數嶺而得五歲菴. 菴北石峯縹緲. 西南峙萬景臺. 一山精英. 結轄於此. 儘所謂天造而地設也. 菴有梅月堂畫像二本. 嗚呼. 此老以五歲神童. 早被知遇. 而景泰乙亥之後. 佯狂入山. 與南秋江諸公. 幷美齊徽. 淸風卓節. 山與高而水與

長. 今於一孤菴裏. 獲瞻遺像. 豈可以祝髮垂珠而少之哉. 相與致敬而退. 自臺北而下. 卽昨日所過兩溪之曲也. 復至永矢菴. 午後. 巡相向楓樓. 余拜謝. 相公戒之曰. 愼勿取路大乘. 蓋愍余之老也. 余因留是菴. 初七日辛未. 入大乘洞口. 肩輿僧蹶然仆地. 余墮落溪水. 不用相公之言. 以至於此. 政所謂滄浪自取也. 過槽潭. 俗呼槽爲歸于. 余念麟鳳龜龍. 是爲四靈. 夫以麟蹄一邑. 里有龍頭. 菴有鳳頂. 獨無以龜得名之地. 見今此潭之巖. 背有文. 尾短而尖. 有似乎龜. 請易名曰龜尾潭. 以備四靈之一. 登大乘嶺. 回視日昨經過處. 五歲之萬景. 永矢之南臺. 晚頃之左右峯. 皆在膝下. 獨鳳頂爲前峯所遮而不可見. 下山腰十里. 寔爲寒溪. 登觀瀑臺. 有九天銀河四大字刻. 此政乾坤逞技之處. 造化得意而成者也. 比之昨日所見十二瀑. 則細柳之眞將軍. 棘門灞上之兒戲. 必有能下之者矣. 臺下路絕險. 下臨無地. 間多石齒鑿鑿. 惴惴然如將隕墜. 班孟堅幽人之夢. 無或類此歟. 向寒溪嶺. 遇水石佳處. 舍輿息肩. 酌溪水. 澆飯而喫. 溪上有巨巖. 巖之左右. 丹楓輝映. 請名之曰停車巖. 踰嶺是爲五色. 石峰峭拔羅列. 亦雪嶽之一支也. 止宿于五色村. 初八日壬申. 早起飲藥水五椀. 儘覺數日勤苦事. 盡向毛孔散也. 踰涼峴. 則官吏持人馬來待矣. 噫. 世之譚山水者. 必以楓嶽雪嶽幷稱. 邑誌又曰. 白頭以南雪岳最高. 玆山磅礴深廣. 彌亘數百里. 其寺刹之勝. 臺窟之奇. 瀑以之壯. 與楓岳相爲伯仲. 而獨慨夫古今人遊山者. 皆舍雪岳而之楓嶽. 正陽戶外. 常滿遊人之屨. 水簾洞裏. 長鎖綠苔之逕. 以故遊山錄多出於楓岳. 而不少見於雪嶽. 使高人住錫之地. 逸士幽棲之所埋沒. 而不見稱於世. 豈山水之遇不遇. 亦有數存於其間耶. 今余所遊歷者. 纔三之二. 而皆石峯崒嵂. 可望而不可登. 且聞自食堂洞. 南踰麻背. 上般若臺. 則內面萬千氣像. 呈露於前. 爲奇勝. 又自食堂洞. 東轉而上. 則有內外石門. 又轉而上.

則四面皆石屏. 中有高臺. 爲一山之最勝處. 而人跡罕到. 世未有知之者. 雖然妙處不在於窮搜遍歷. 而在於足目之外. 局於足目之所到. 而不知體驗於身心者. 非善觀山水者也. 於山而必識其重厚之體. 於水而必法其周流之用. 然後資之學問. 而有仁靜知動之妙. 措之政事. 而有鎭物容衆之效. 若是者眞有得於山水之樂. 而不然則只做得閒謾遊. 有何益哉. 聊幷記之. 以爲後之入山者勉焉. 重陽日雪嶽主人記.

출전: 金蒙華, 『七巖文集』, 「遊雪嶽錄」

6

유한계록

遊寒溪錄

문익성文益成

문익성(文益成, 1526~1584): 자는 숙재(叔載)・분중(賁仲), 호는 옥동(玉洞), 본관은 남평(南平)이다. 조식(曺植)・주세붕(周世鵬)의 문하에서 수학하다가 이황(李滉)으로부터 『대학』의 요지를 배웠다. 1549년(명종 4) 사마시에 합격한 뒤, 1561년 식년문과에 병과로 급제하고 이어 1566년 홍원현감(洪原縣監)으로 문과중시(文科重試)에 병과로 급제하였다. 의정부(議政府)에서 업무 처리가 소홀하다고 상계(上啓)하여 양양부사(襄陽府使)로 체직되었다. 뒤에 도승지 겸 직제학(道承旨兼直提學)을 추증받았다. 경상남도 합천의 도연서원(道淵書院)에 배향되었다.

해제解題

「유한계록遊寒溪錄」은 문익성文益成. 1526~1584이 양양부사襄陽府使에 부임한
후 최도경崔蹈景·배경부襄景孚, 그리고 두 아들과 함께 한계寒溪로 놀러 갔었
던 것을 적은 유람기이다. 길을 나서면서 거쳤던 곳의 모습에 대해서 기록
되어 있다. 또한 유람 중에 경치가 좋거나 머물렀던 곳에 '쌍폭대雙瀑臺'·'완
폭玩瀑'·'생학대笙鶴臺'·'반타석盤陀石'이라고 이름을 짓거나 5층 석탑에는 오언
절구 시를 적는 것도 볼 수가 있다.

국역國譯

을해년1575에 내가 양양부사가 되어 최도경崔蹈景·배경부襄景孚와 두 아
들 여勵40)·할劼41)과 함께 한계에 놀러 가려고, 현산성峴山城에서 향현香峴을
넘어 한계령에서 말을 쉬면서 동쪽으로 푸른 바다를 굽어보니 구름 같은
파도가 아득하였고, 서쪽으로 설악산을 바라보니 뿔 모양의 바위가 높디
높았는데, 마침 내리던 비가 막 개고 고운 구름이 사방을 휘감아서 아직
한계에 이르지도 않았는데 흥취가 먼저 일었다.

---

40) 문려(文勵, 미상~1623): 자는 자신(子信), 호는 운계(雲溪), 본관은 남평(南平)이다. 1592년 승문원정자(承文院
正字)가 되고, 그해 임진왜란이 일어나자 임금을 의주까지 호종(扈從)하였다. 이듬해 곽재우(郭再祐)와 함께
왜적을 치는 데 크게 공을 세웠다. 1603년 집의(執義)가 되어 그의 스승인 정인홍(鄭仁弘)을 모함한 이귀(李
貴)를 탄핵하다가 뜻을 이루지 못하였다. 1623년(인조 1) 인조반정 때 정인홍의 문인이라는 이유로 국문을 받
다가 죽었다.

41) 문할(文劼, 1559~1598): 자는 자신(子愼), 호는 성광(醒狂), 본관은 남평(南平)이다. 1579년(선조 12) 진사에 급
제하였다. 1592년(선조 25) 임진왜란이 일어나자 의병을 일으켜 공을 세웠다. 1597년(선조 30) 일본이 다시 침략
해 오자 섬진강 쪽에서 적을 막았으나 이듬해 전사하였다. 1605년(선조 38) 선무원종공신(宣武原從功臣)에 증
직되었다.

고개에서 내려가 5리쯤 되는 곳에 백암白巖이라는 그윽한 동네가 있었는데, 모옥 몇 채가 온 계곡의 연하煙霞를 독점하여 참으로 그림 같은 마을이었다. 서쪽으로 2리쯤 가서 시내 하나를 건너 이리저리 사방을 돌아보다가 뚝 끊긴 기슭 하나를 만났는데 절벽이 천 길이나 솟았고 그 절벽을 끼고 양쪽으로 흐르는 물줄기가 옥구슬 같은 물보라를 뿜었다. 아래에는 석담石潭이 맑고 위에는 늙은 소나무가 우거져 정말 빼어난 곳이었다. 마침내 돌을 옮겨 대를 쌓고 그 위에 늘어앉았으니 이곳이 팔선구八仙區의 첫 번째 여정이었다. 도경에게 이름을 붙이게 하니 '쌍폭대雙瀑臺'라 하여 경부에게 늙은 잣나무 가지에 쓰게 하였고, 또 동자더러 강에서 작은 피라미를 낚아 회를 만들게 하였다. 맑은 술 몇 잔을 주고받으며 반나절 동안 좋은 얘기를 나누었는데, 홀연히 속세의 염려가 줄어드는 것 같았다.

개울을 거슬러 10리쯤 가니 옛 역 터가 있었는데 그사이에 맑은 시내와 흰 바위가 가는 곳마다 매우 기이하였다. 또 서쪽으로 5리쯤 가니 본사本寺가 있었는데 양쪽 벼랑의 바위는 좌우로 몇 겹이나 가로 자른 모양이었다. 말을 재촉해 절에 이르니 사방의 바위봉우리는 은빛 장막처럼 깎아질렀고 한 구비 맑은 시내가 벽옥처럼 흘러들었다. 뜰 가운데에 5층 석탑이 있었는데 매우 오래되어서 각자 즉석에서 오언절구를 읊어 그 시를 탑의 면에 적었다. 저녁 식사 후에 지팡이를 짚고 시내를 따라 서쪽으로 갔는데, 수십 걸음쯤부터 경관이 더욱 절묘하여 각기 바위에 흩어져 앉아 시를 읊조리거나 낚시를 하거나 술을 들어 서로 권했다. 머리를 들어 북쪽을 바라보니 층층 봉우리가 높게 겹쳐졌고 소나무와 계수나무가 안개와 노을에 젖어 아름다웠는데, 신선놀음에 도낏자루 썩는 줄 모른다는 이야기가 생각났다.

다음 날 다시 석문石門을 나와 길을 돌아 북쪽으로 7, 8리쯤 이동하여

형제령兄弟嶺을 넘다가 말을 세우고 남쪽을 바라보니 어제저녁에 북쪽으로 바라보던 여러 봉우리가 모두 눈 아래에서 구불거리고 있었다. 서쪽으로 3, 4리쯤 이동하여 소동령所冬嶺에서 말을 쉬었다. 소동령을 내려가 한 계 위쪽 골짜기에 들어가니 천 그루의 소나무가 울창하게 계곡을 채웠는데, 어떤 것은 바위 벼랑에 우뚝 선 채로 저절로 말라 꺾어졌으니, 헛되이 동량棟樑의 재질을 지니고서도 장석匠石[42] 같은 훌륭한 목수에게 거둬지지 않았다는 감상이 일어나지 않을 수 없었다. 조금 아래로 2, 3리쯤에 골짜기가 깊어지고 나무숲이 우거져 빽빽한 잎사귀가 해를 가리니 서늘한 그늘이 사랑스러웠다. 긴 개울이 띠처럼 만 구비나 빙 둘러쳐져 있어 말이 가는 대로 천천히 가다 보니 몇 번이나 개울을 넘었는지 모르겠다.

20여 리를 이동하여 개울 하나를 건너니 대여섯 사람이 앉을 만한 반석이 있었다. 푸른 소나무가 그 위에 그늘을 드리우고 흰 돌이 그 밑에 깔렸는데, 맑은 물이 세차게 부딪쳐 흘러 갓끈을 씻을 만했다. 시내가 설악산 상봉에서 발원하여 서남으로 흘러 여기에 이르니 거의 60리였다. 여기서부터 한계 옛터까지는 천암만학이 모두 돌인데 어떤 것은 기세가 대단하여 웅장하게 치솟았고 어떤 것은 날카롭게 깎아질렀으니 기이한 형태와 괴상한 모양을 다 기록할 수 없었다. 마침내 말을 버리고 걸었는데, 청려장을 짚고 덩굴을 부여잡고서 바위틈의 한 줄기 길을 따라 나무에 꿴 물고기처럼 머리를 처박고 나아가면서 열 걸음에 아홉 번이나 쉬었다. 환희대歡喜臺의 꼭대기에 다다르고서야 비로소 뛰어난 경치는 험한 곳에 있음을 알았으니, 선풍도골仙風道骨의 풍모가 있지 않다면 어찌 이곳에 이를 수 있었겠는가?

---

42) 장석(匠石): 초(楚)의 유명한 목수요 조각가로 이름은 석(石)이고, 자는 백(伯)이다. 자귀로 물건을 쪼면 조금도 틀림이 없다 하여 기예(技藝)가 미묘한 경지에 이른 것을 비유한다.

대승암大乘庵으로 돌아와서 곧바로 폭포를 보러 갔다. 폭포는 암자에서 5, 6리 떨어져 있었는데 돌길이 거칠어서 발을 제대로 붙이기 어려웠다. 폭포 남쪽 봉우리에 이르러 바라보니 철벽같은 푸른 벼랑이 높이가 몇만 장이나 되는지 모를 정도였다. 한 줄기 맑은 시내가 그 사이로 곧장 떨어지는데, 혹은 돌에 부딪혀 흩어지는 모양이 진주가 뒤섞이는 것 같았고, 혹은 바람을 타고 떨어지는 모양이 옥으로 만든 실이 나풀거리는 것 같았다. 다만, 물이 얕아 장관이 되기에는 부족하여 종에게 잎이 수북한 나뭇가지를 꺾어서 그 수원을 가로막고 조금 있다가 터뜨리게 하니, 흐르는 물길이 빠르고 장대하여 우레와 바람이 서로 어울리는 것 같고, 마른하늘에 벼락이 몰아치는 것 같았는데, 소리는 온 계곡을 흔들고 기세는 뭇산을 치켜드니, 모발이 전부 곤두서며 정신이 상쾌해졌다.

아래쪽 연못을 굽어보니 깊이를 측량할 수 없었는데, 곧바로 연못물을 손으로 움켜쥐며 장난치고 싶었지만, 공중에 매달린 절벽이 대단히 위험하고 붙잡을 틈도 없었으니 이는 또한 신룡이 사는 곳이었다. 마침내 햇빛이 들지 않는 벼랑 쪽에 앉아서 종일토록 느긋하게 놀았더니 흉중의 찌꺼기들이 확 풀렸다. 앉았던 대臺를 '완폭玩瀑'이라고 이름을 붙이고 산사람 태균太均에게 노송 줄기에 쓰라고 하였다. 사방의 많은 봉우리는 옥을 깎아 빙 둘러 세운 듯한데, 대의 북쪽에는 청룡봉靑龍峯과 백운봉白雲峯이 있고, 대의 동쪽에는 부용봉芙蓉峯과 경일봉擎日峯이 있으며, 대의 남쪽에는 법옥봉法玉峯, 천옥봉天玉峯과 천주봉天柱峯이 있었다. 그 나머지 은빛 봉우리나 옥빛 언덕은 이루 다 헤아릴 수가 없었다.

제령弟嶺을 넘어 개울가 돌 위에서 쉬면서, 빼어남을 겨루는 온갖 봉우리와 흐름을 다투는 수많은 골짜기를 보았다. 신선이 은거하는 곳 같아서 그 근원을 찾아 자세히 살펴보려고 개울을 따라 내려갔다. 옥 같은 숲과 나무가 안개 속에 가득 비치고, 붉은 벼랑과 푸른 절벽이 구름 가에 닿았으며, 개울 하나가 그 가운데로 흘러드는데 온통 흰 돌이고 그사이에 한 점 티끌도 없었다. 3, 4리를 가니 시내 가운데에 크고 널찍한 바위 하나가 있었는데 자라가 바위를 짊어진 것 같아서 '생학대笙鶴臺'라고 이름을 붙였다. 시냇가에 있는 깨끗하고 평평한 반석은 50, 60명이 앉을 만해서 '반타석盤陀石'이라고 이름을 붙였는데, 그 위아래에 다 맑은 연못이 있어 반석 위에 늘어앉으니 표연히 세속을 떠나고 싶은 생각이 들었다.

아, 이와 같은 절경이 가시덤불 속에 묻힌 지 몇천 년이나 되었는지 모르겠고, 이 고개를 거쳐 동서로 다니는 자가 또한 몇만 명인지 모르겠지만, 일찍이 이 절경을 품평한 이가 한 명도 없었는데, 우리로부터 드러나게 되었으니 아마도 운수가 아니겠는가.

원문原文

乙亥. 余守襄陽. 與崔蹈景裵景孚及二子勵劼. 將遊寒溪. 自峴山城踰香峴. 歇馬于寒嶺. 東臨滄海. 雲濤茫茫. 西瞻雪岳. 石角峨峨. 況積雨新霽. 纖雲四捲. 未到寒溪. 逸興先飛.

下嶺五里許. 有洞窈窕. 名曰白巖. 數椽茅屋. 獨占一壑煙霞. 眞簡畫中孤村也. 西行二里許渡一澗. 彷徨四顧. 得一斷麓. 壁立千尋. 雙溪挾流. 亂瀑噴玉. 下有石潭澄淨. 上有蒼松交翠. 眞絶勝區也. 遂移石築臺. 列坐其上. 此八仙區第一程也. 使蹈景名之. 曰雙瀑臺. 使景孚白書于老栢榦. 又令童子釣得松江小儵作膾. 飛秋露數觴. 淸談半日. 忽覺塵慮漸少. 遡溪而行十里許. 有古驛基. 其間淸川白巖. 步步愈奇. 又西行五里餘.

有本寺. 兩崖石壁. 橫截左右者數重. 促馬到寺. 四面石峯. 削立銀幛.
一曲清溪. 流注碧玉. 庭中有五層石塔. 甚古. 各口占五言小絶. 題其面.
夕餔後杖策緣溪而西. 數十步許. 泉石尤絶. 各占石散坐. 或詠詩或釣魚.
或舉酒相屬. 擡頭北望. 則層巒疊嶂. 松桂煙霞. 依依然有爛柯之想.
翌日. 還出石門. 轉而北行七八里許. 踰兄弟嶺. 駐馬南望. 則昨夕北望
諸峯. 皆在眼下逶迤. 西行三四里許. 憩馬于所冬嶺. 下嶺入寒溪上壑.
千章松檜. 蔚然而滿谷. 或特立巖崖. 自枯摧折. 虛負棟樑之材. 未見匠
石之收. 不能無興感焉. 稍下二三里許. 洞壑幽邃. 林木莽蓁. 密葉翳日.
清陰可愛. 一帶長川. 萬曲縈紆. 信馬徐行. 不知其幾回渡也.
行二十餘里. 渡一澗. 盤石可坐五六人. 靑松陰其上. 白石鋪其下. 清流
激湍. 可以濯纓. 川發源於雪岳上峯. 西南流至此幾六十里. 自此至寒溪
古基. 千巖萬壑. 都是石也. 或磅礴雄峙. 或容牙削立. 奇形怪狀. 不
可殫記. 遂舍馬而徒. 杖靑藜攀碧蘿. 緣巖罅一線路. 魚貫而進. 十步九
休. 始窮歡喜臺絶頂. 方知勝地在險. 非有仙風道骨. 安得至此乎.
還大乘庵. 因往觀瀑布. 瀑布距庵五六里. 石路磽确. 未穩着足. 旣到瀑
布之南巒望見. 則蒼崖鐵壁. 不知其幾萬丈也. 一帶淸川. 直下其間. 或
觸石而散. 蠙珠交錯. 或隨風而下. 玉絲飛翻. 第以水淺. 未做壯觀. 令
僕夫折持靑枝. 橫障其源. 有頃決之. 則流波迅壯. 雷風相薄. 白日靑空.
霹靂交鬪. 聲振一壑. 勢掀羣岳. 毛髮盡豎. 心魂俱爽. 俯瞰下淵. 深
不可測. 直欲掬手相戲. 懸崖絶險. 無隙可緣. 此又神龍之所窟宅也. 遂
逐陰崖而坐. 玩愒終日. 胸中查滓. 頓釋十分. 名所坐之臺曰玩瀑. 使山
人太均書于老松榦. 四面千峯. 玉立環拱. 臺之北. 有靑龍峯白雲峯. 臺
之東. 有芙蓉峯擎日峯. 臺之南. 有法玉峯天玉峯天柱峯. 其餘銀巒玉岡.
不能殫數. 踰弟嶺. 憩于溪石上. 見千巖競秀. 萬壑爭流. 謂仙靈之所隱

居. 將欲窮源極探. 沿溪而下. 琪林玉樹. 掩映煙中. 丹崖翠壁. 崔崒雲表. 一溪中注. 渾是白石. 而無一點塵沙間其隙也. 行三四里. 溪心有一巖. 磅礴雄蟠. 有類鰲背巖. 名之曰笙鶴臺. 溪邊有盤石. 清瑩磨平. 可坐五六十人. 名之曰盤陁石. 石之上下. 皆有澄潭. 列坐石上. 飄然有遐擧之想也. 噫. 如此絶勝. 沒於荊棘中者不知其幾千年. 由嶺而之東西者亦不知幾萬人. 無一人曾評得此境. 而自吾輩發之. 無乃數也耶.

출전: 文益成, 『玉洞集』, 「遊寒溪錄」

7

한계산기

寒溪山記

김수증金壽增

김수증(金壽增, 1624~1701): 자는 연지(延之), 호는 곡운(谷雲)이며 본관은 안동(安東)이다. 1650년(효종 1) 사마시에 입격하여 1652년(효종 3) 세자익위사 세마(世子翊衛司洗馬)가 되었다. 그 뒤 각사(各司)의 정(正)을 두루 역임하였으며 외직으로는 석성 현감(石城縣監)과 평강 현감(平康縣監)을 지냈다. 1670년(현종 11) 강원도 화천군 화북면 영당동에 있는 곡운(谷雲)에 복거(卜居)할 땅을 마련하고 곡운정사(谷雲精舍)와 농수정(籠水亭)을 지었다가 1675년(숙종 1) 성천 부사(成川府使)로 있던 중 동생 김수항(金壽恒)이 유배되자 곡운정사로 돌아갔다. 그 뒤 회양 부사(淮陽府使)와 청풍 부사(淸風府使)를 역임하였으며, 말년은 강원도 화천군의 영당리와 화음동에서 은거하였다. 문집으로는 「곡운집(谷雲集)」이 있다.

해제解題

「한계산기寒溪山記」는 김수증金壽增, 1624~1701의 『곡운집谷雲集』에 수록되어 있으며, 신미년1691 5월 6일부터 15일까지 김수증이 조카인 삼연三淵 김창흡金昌翕과 함께 한계산을 유람하고 오는 기행문이다. 하루하루 일정에 대해서 기록이 남겨져 있어 유람 여정과 한계사寒溪寺 옛터와 같이 지나쳤던 곳에 대해서도 볼 수가 있다. 그리고 김세민金世民이라는 인물을 통해 들은 한계산의 여러 승경勝景에 대해 들은 것을 자세하게 기록하였다.

국역國譯

신미년1691 5월 초엿새. 신묘. 맑음. 아침을 먹고 나서 조카 창흡昌翕[43]과 같이 곡운정사谷雲精舍를 출발하여 30리를 가다가 오리촌梧里村에서 점심을 먹었다. 북쪽으로 큰 개울을 건넜는데 바로 곡운동谷雲洞 하류였다. 가현加峴을 넘으니 길이 매우 험하고 가팔랐다. 원천역原川驛을 지나 낭천狼川, 강원도화천군 읍내에 이르러 정대보程大寶 집에서 잤다. 이날은 60리를 다녔다.

초이레. 임진. 동이 틀 무렵 가랑비가 조금씩 내리다가 늦게 갬. 동쪽으로 15리쯤 가서 대리진大利津을 건너 관불현觀佛峴을 넘으니, 강을 따라 위쪽으로 논과 밭이 널찍하고, 강 북쪽 인가들이 나란히 물에 비치어 한 폭

---

43) 김창흡(金昌翕, 1653~1722): 자는 자익(子益), 호는 삼연(三淵)이고 본관은 안동(安東)이다. 이단상(李端相)의 문인이다. 1673년(현종 14) 진사시에 합격한 뒤 과장에 발을 끊었다. 백악(白岳) 기슭에 낙송루(洛誦樓)를 짓고 동지들과 글을 읽으며 산수를 즐겼다. 1681년(숙종 7) 김석주(金錫冑)의 천거로 장악원주부(掌樂院主簿)에 임명되었으나 나가지 않았다. 1696년 서연관(書筵官)에 초선(抄選)되고, 1721년(경종 1) 집의(執義)에 제수되었으며, 이듬해 영조(英祖)가 세제(世弟)로 책봉되자 세제시강원(世弟侍講院)에 임명되었으나, 모두 사임하고 나가지 않았다. 저서로는 『삼연집(三淵集)』·『심양일기(瀋陽日記)』 등이 있다. 이조판서(吏曹判書)에 추증되었고, 양주의 석실서원(石室書院), 양구의 서암사(書巖祠) 등에 제향되었다. 시호는 문강(文康)이다.

의 그림 같았다. 정오에 방천역方川驛에 이르러 역리驛吏 김영업金英業 집에서 점심을 먹었다.

강을 따라 벼랑길을 지나 동쪽으로 10여 리를 가서 서쪽 사애四涯에 이르렀는데, 뱃길이 여기에서 끝났다. 이곳은 두 물이 합쳐지는 곳인데, 왼쪽은 황벽동黃蘗洞 하류이고, 오른쪽은 만폭동萬瀑洞에서 발원한 것이었다. 마침내 왼쪽을 포기하고 오른쪽 물길을 따라 가다가 벼랑길을 하나 지나고, 또 그 길을 버리고 오른쪽으로 가다가 시내를 하나 만났는데, 이 시내는 양구현楊口縣 북쪽의 물이었다. 물가에 나무 그늘이 있었는데, 편안하여 쉴 만하였다. 잠시 쉬고 걸어서 벼랑길을 둘 지나 함춘역咸春驛에 다다랐다. 역리驛吏 이기선李起善의 집에서 묵었는데, 이날은 80리를 다녔다.

초여드레. 계사. 맑음. 아침 일찍 잠자리에서 식사를 하고 7, 8리를 가서 작은 고개를 넘었고, 또 몇 리를 가다 부령동富嶺洞 입구에 들어서니 돌길이 매우 험하고 꼬불꼬불한 오르막이었는데, 몇 구비인지 알 수 없었고, 큰 나무와 울창한 숲이 좁은 길 위에서 해를 가렸다. 고개 위에 이르러 설악산雪嶽山을 바라보니, 자욱한 구름 속에 은은히 가려 있어 보이지 않았다. 고개를 내려와 동쪽으로 몇 리 되지 않은 곳에 골짜기가 하나 있었다. 그늘진 숲길로 구불구불 절반 정도를 지나니 물가에 마을이 있었는데, 앉아 쉴 만한 자리를 찾아, 말을 쉬게 하고 낮잠을 자고 나서 길을 떠났다.

산이 돌고 물이 굽이치며 깊숙한 곳을 지나고 나면 또 깊숙한 곳이 있었는데, 30리 길이 다 그러했다. 교탄交灘을 건너니 이곳이 서화면瑞和面, 강원도 인제군의 하류였는데, 깨끗하고 넓어서 좋았지만, 여울물이 너무 급하게 흘러내려 작은 비에도 다닐 수 없었다. 물가를 따라 동쪽으로 가다보니 남쪽으로 시내 위에 걸쳐진 긴 다리가 보였는데, 이것이 바로 인제현麟蹄

縣으로 가는 길이었다. 원통역圓通驛에 이르러 역졸驛卒 박승률朴承律 집에서 잠시 쉬었다. 5리를 가면서 큰 내를 세 번이나 건넜는데, 이곳은 남교역藍橋驛 하류였다. 고원통古圓通을 지나 한계사寒溪寺로 들어서니 모래 길과 소나무 숲이 풍악산楓嶽山 장안동長安洞 입구를 방불케 했다.

여러 차례 시내를 건너고 북쪽에서 한 골짜기를 만나 비스듬히 꺾어 올라가 절에 도착하였는데, 절터가 주변에 감싸인 듯하고 특별히 볼 만한 것이 없었지만, 뒤에 있는 산봉우리와 고개가 깊고 아득하여 멀리 바라볼 만하였다. 좌우에 있는 승방僧房은 새로 지은 판잣집이고 법당法堂은 이제 막 짓기 시작하였는데, 승려 10여 명이 겨를 없이 바빠서 더불어 이야기를 나눌 만한 자도 없었다. 밤에 동쪽 요사寮舍에서 묵었는데, 이날은 80리를 다녔다.

초아흐레. 갑오. 맑음. 아침 식사 후 마을 남쪽 어귀로 나와 시내를 따라 동쪽으로 가다가 소개촌小開村을 지나 솔숲이 빽빽이 우거진 그늘을 걸었다. 북쪽으로 보이는 많은 봉우리들은 보이는 것마다 괴이했는데, 그중에 한 봉우리는 특별히 흰빛이 돋보여서 '백련白蓮'이라고 이름을 붙이고, 또 붉은 산봉우리가 하늘 높이 솟은 것을 가리키며 마치 붉은 푯말을 세워놓은 것 같아서 '채하彩霞'라고 이름 붙인 다음, 동행하던 절의 중들을 돌아보며, "너희들은 잊지 말고 기억하라"라고 일렀다.

4, 5리쯤 가다보니 북쪽에 있는 작은 냇물이 꿈틀대듯 흘러오다가 대여섯 길 높이의 폭포를 이루었고, 위로 층층이 못이 있었는데, 형태가 지극히 절묘하였다. 절벽을 따라 올라가서 못의 바닥을 굽어보니 모양이 가마솥 같고 빛깔은 눈썹먹처럼 짙푸르렀다. 못의 서쪽 암벽 위에는 '옥류천玉流泉' 세 글자가 새겨져 있고, 이곳을 지나 걷다보니 오른쪽에 난새와 봉황이 높이 날아오르는 것 같은 네 개의 바위가 있었는데, 높은 절벽이 만 길

이나 되고 기세가 충만하게 수백 보까지 길게 이어져 있었으니, 이것이 아마도 중국 사람이 "남봉이 절벽을 이루고 있다[南峯作絶壁][44]"고 기록한 것이리라!

얼마 있다가 한계사寒溪寺 옛터를 지났는데, 북쪽의 모든 산봉우리들이 빽빽하게 우뚝 솟아 있어 위엄 있는 모습이 두려워할 만하였다. 남쪽에 있는 가리봉加里峯은 유달리 우뚝 솟아 하늘을 버티고 있었는데, 좌우를 두루 돌아보면 사람들로 하여금 놀라 넋을 잃게 하였다. 10리에 걸쳐 진목전眞木田까지 형세를 두루 살펴보면, 겹겹이 모아놓은 듯한 봉우리들이 뒷면에 가로로 빙 둘러쳐져 사뭇 판판이고, 높은 곳은 옥가루가 눈으로 내려 쌓인 듯이 찬란하였다. 흙이 많은 산줄기 세 갈래가 북쪽에서부터 몇 백, 몇 천 걸음이나 구불구불 기어오는데, 가운데 갈래는 우뚝하게 기운을 모아 웅크렸고, 좌우의 양 등성이는 곁에서 부축하고 있는 형세였다. 앞산은 그다지 높지 않지만 겹겹의 푸른 산빛이 짙푸르게 무성하고, 북쪽을 등지고 남쪽을 향하여 해와 달이 밝게 비추니, 그 안에 집 한 채를 지을 만했다. 등성이 아래위는 땅이 기름져 경작할 만한 곳이 매우 많았는데, 살펴보니 이미 밭을 갈아 놓았다.

다시 일어나서 수백 보를 가다가 시냇가에 이르러 물가의 돌 위에서 점심을 먹었다. 지나가는 중을 만나 어디로 가느냐고 물으니, 오색령五色嶺을 지나서 양양襄陽까지 가는데, 여기서 바닷길까지가 80리 정도라고 하였다. 돌아가는 길에 대승암을 찾아보려고 했는데, 피로가 심하여 일어설 수가

---

44) 남봉(南峯): 남봉은 해발 2,160m로 화산(華山)의 가장 높은 주봉(主峰)이며 또한 오악(五嶽)의 최고봉으로 고인(古人)들은 '화산원수(華山元首)'라고 칭했다. 남봉의 절정에 오르면 하늘이 지척에 있고 별을 손으로 딸 수 있을 것 같이 느껴지며, 눈을 들어 사방을 보면 여러 산이 오르내리며 첩첩이 쌓였고, 황하와 위수는 실처럼 흐르고, 아득한 평원은 비단을 펼쳐놓은 듯 모두 눈 아래에 펼쳐져 있다. 명대의 원굉도(袁宏道)는 그의 『화산기(華山記)』에서 남봉의 형상을 "사람이 목을 뺨고 꼿꼿이 앉아 두 무릎을 껴안은 듯하다[如人危坐而引雙膝]"라고 하였다.

없어 정금丁金의 임시 초막에서 자기로 하였다. 정금은 조카 김창흡의 노비로 금년 봄에 소를 끌고 이곳에 살러 왔다. 그 초막은 서까래뿐이고 이엉도 없어서 마침내 철노鐵奴를 시켜 나무껍질을 벗겨 간단히 위를 덮고, 밑에는 풀을 깔게 하여 밤을 보냈다. 별빛과 달빛이 지붕을 뚫고 얼비치는데, 온몸이 바람을 맞고 이슬에 젖어 으슬으슬한 기운 때문에 도저히 잠을 이룰 수가 없었다. 이날은 20여 리를 다녔다.

초열흘. 을미. 맑음. 해가 동쪽 산봉우리로 솟아오르자 봉우리 빛은 더욱 밝게 빛나는 것 같았다. 작은 개울을 따라 북쪽으로 1리쯤 올라가자 나지막한 둔덕이 하나 있었는데, 지세가 조금 높으면서도 그윽하고 깊숙하게 싸여 있어 또한 암자를 세울 만했다. 아침 식사를 하고 나서 한계사寒溪寺 옛터에 내려갔다. 절은 지난해 화재로 석불石佛 3구가 깨어진 기와 조각과 잿더미 속에 뒹굴고 있었고, 오직 석탑石塔만이 뜰 한 모퉁이에 서 있었으며, 작약芍藥 몇 송이가 잡초 속에 막 피어 있을 뿐이었다. 마침 마을 사람을 만나 대승암大乘菴 가는 길을 물었더니, 북쪽의 두 봉우리 돌 틈을 가리키며, "이곳을 지나 오르고 올라가면 위쪽으로 5리쯤에 있는데, 몹시 험하니 가지 마시기 바랍니다"라고 하였다. 망설이면서 쳐다보니 구름 서린 절벽이 허공에 꽂힌 듯하여 사람으로 하여금 뜻을 접게 하였다. 길을 바꾸어 동쪽 작은 시내에 다다랐는데, 이곳은 바로 폭포의 하류로, 오랜 가뭄에 거의 물이 끊어진 지경이어서 볼만한 폭포가 없음을 알만 하였다. 물을 따라 내려오다 소개촌小開村에 이르러 물가에서 잠시 팔을 베고 누워 설핏 졸다가 노구솥을 걸어 점심을 지었다. 날이 저물어서 내려와 원통리圓通里 박승률 집에서 잤다. 이날은 40리를 다녔다.

십일일. 병신. 비. 역리驛吏 김세민金世民이 찾아와 인사를 했다. 그 사람은 한계산[45]에 대해 분명히 알고 있었고, 한계寒溪의 여러 승경勝景에 대해 알고 있는 것을 전부 잘 말해 주었는데, 옥류천玉流泉·아차막동阿次莫洞·백운암동白雲菴洞은 모두 그가 산삼을 캐러 갈 때 일일이 지나가야 하는 곳이라고 하였다. 옥류천玉流泉의 냇가 오솔길이 끝나는 곳에 오래된 성터가 있는데, 냇가의 오솔길이 절벽에 매달린 듯하여, 곧바로 오르기가 어려워서 비스듬히 큰 물가 반석을 따라가다가 북쪽으로 5리 쯤 들어가면 다다르게 된다고 하였다. 3면이 절벽으로 빙 둘러있고, 그 한쪽 터진 곳의 개울 위에 성을 쌓았는데, 높이는 네댓 길이나 되고, 석문石門도 완연히 남아 있다고 하였다. 성城 안은 땅이 평평하고 넓어 사람이 살 만하고, 그 북쪽 등성이를 넘으면 지리곡支離谷이라고 하였다. 수십 리 아래쪽으로 내려가면 세 개의 용추龍湫가 있는데, 기이하고 장엄하여 볼 만하다고 하였다. 아차막동阿次莫洞은 진목전眞木田에서 동쪽으로 5리쯤에 있으며, 계곡을 따라 북쪽으로 들어서면 대여섯 길 되는, 폭포가 여러 곳에 있다고 하였다. 물을 따라 위로 오르면 상설악上雪嶽 백운암白雲菴에 도달하게 되고, 진목전眞木田에서부터 마을 입구까지는 겨우 10리 정도인데, 계곡을 따라 북쪽으로 오르면 물과 돌로 이루어진 경치가 맑고도 그윽하며, 아름다운 나무들이 즐비하다고 하였다. 5리쯤 가면 암자 터인데 둥그런 절벽을 등지고 동남쪽을 향하고 있으며, 사방을 둘러싼 산봉우리들은 은을 포개놓고 옥을 깎아 쌓아놓은 듯하다고 하였다. 남쪽으로는 상필여봉上筆如峯이 있고, 서쪽으로는 입모봉笠帽峯이 있으며, 북쪽으로는 상설악上雪嶽이 10여 리 안에 있는데, 그곳에 오르면 동해東海를 볼 수가 있다고 하였다.

십이일. 정유. 맑음. 말이 매우 지쳐 그냥 머물렀다.

---

45) 한계산: 예전에는 대청봉(大靑峰)을 포함하여 양양군 쪽의 산만 설악산(雪岳山)이라 부르고 인제군 쪽의 산은 한계산(寒溪山)으로 불렸다는 기록이 있다. 양양사람들이 설악산이라 부를 때 인제 내륙지역 사람들은 한계산이라 했던 것이다.

십삼일. 무술. 맑음. 아침 식사 후 귀로歸路에 올랐다. 교탄의 물이 불어나 건너기가 어렵다는 소식을 듣고 비스듬히 하류를 따라 가다가 다리를 건넜다. 서쪽으로 방향을 바꾸었다가 북쪽으로 작은 고개 하나를 넘어 부령富嶺 아래 촌가村家에 이르러 점심을 먹었다. 부령 위에 올라 설악을 돌아보니 산의 모양이나 봉우리 빛깔을 하나하나 만질 수 있을 듯했지만, 남북으로 웅장하게 서린 형세는 한눈에 다 보기 어려웠다. 말을 타기도 하고 걷기도 하면서 금방 고개를 내려왔는데, 위에서는 위에서대로 아래에서는 아래에서대로 그 모습들이 달랐다. 함춘역咸春驛 이기선李起善 집에 도착하여 말을 쉬었다가, 날이 저물어서야 방천리方川里, 강원도 화천군에 도착하여 김영업金英業 집에서 잤다. 이 날은 100리를 다녔다.

십사일. 기해. 맑다가 저녁에 흐려지면서 비. 일찍 출발하여 낭천현狼川縣 정대보 집에 이르러 점심을 먹었다. 원천리原川里를 지나 서쪽으로 방향을 바꾸어 시냇물을 따라 30리를 가서 계상사繼祥寺에 이르니, 고탑古塔과 부도浮屠는 남아 있었지만 승려는 서넛뿐이었다. 처음 지었던 암자와 요사채는 제 모습을 갖추고 있지 못한데다가 잡초가 뜰을 덮어 앉을 만한 곳도 없었다. 노승 언흘彦屹은 지난번 신수사神秀寺에서 본 적이 있는데, 일찍이 한계의 대승암大乘菴을 유람하고 다시 봉정암鳳頂菴과 곡연암曲淵菴을 찾았다고 하면서 그 승경勝景의 풍치風致를 잘 설명하니, 또한 자못 마음에 들었다. 초막草幕이 매우 누추해서 향을 피우고 잠을 청했다. 이날은 85리를 다녔다.

십오일. 경자. 맑음. 조반을 들기 전에 절을 나와 서남쪽을 거쳐 명지현明知峴을 넘었다. 지세가 높이 솟아 길은 험하고 경사가 급하여 천신만고 끝에 걸어 내려와 곡운정사에 다다르니 해가 아직 삼간三竿46)에도 못 미쳤

---

46) 삼간(三竿): 대나무 장대 세 개의 높이만큼 뜬 해를 가리킨다. 이른바 '일상삼간(日上三竿)'이라 하여 대체로 오

다. 이날은 20리를 다녔다. 오후에 화음동^{華陰洞}으로 돌아왔다. 이튿날 조카 흡^翕이 동음^{洞陰, 경기도 포천군}으로 돌아갔다.

원문原文

辛未五月初六日辛卯. 晴. 食後與家姪昌翕. 自谷雲精舍發行三十里. 至梧里村中火. 北涉大川. 此是谷雲下流. 越加峴. 路甚峻急. 過原川驛. 至狼川邑底. 宿程大寶家. 是日行六十里

初七日壬辰. 曉灑微雨. 晚晴. 東行十五里. 涉大利津. 踰觀佛峴. 沿江而上. 田野平曠. 水北人家. 映帶如畫. 午至方川驛. 中火驛吏金英業家. 沿江歷一遷. 東行十許里. 至西四涯. 木道窮此. 此爲兩水之會. 左卽黃蘗洞下流. 而右是發源於萬瀑者也. 遂捨左而沿右. 過一遷又捨之. 而右得一川. 此則楊口縣以北水也. 川邊有樹陰. 婆娑可坐. 少憩而行. 又歷二遷. 至咸春驛. 宿驛吏李起善家. 是日行八十里.

初八日癸巳. 晴. 蓐食行七八里. 踰小峴. 又行數里. 入富嶺洞口. 石路犖确. 盤折而上. 不知其幾曲. 巨木穹林. 夾路蔽日. 抵嶺上遙望雪嶽. 掩映氛靄中. 不能洞觀. 下嶺而東. 不數里. 卽一澗谷. 屈曲行樹陰中. 過半程. 村臨水. 得可坐處. 歇馬攤飯而行.

山回水曲. 過盡一重. 又有一重. 如是者三十里. 涉交灘. 此是瑞和下流. 清曠可喜. 湍瀨深駛. 小雨行旅不通. 遵渚而東. 南望長橋. 跨於川上. 此是走麟蹄縣道也. 至圓通驛. 少憩驛卒朴承律家. 行五里. 三涉大川. 此是藍橋驛下流. 過古圓通. 入寒溪寺. 沙路松林. 彷彿楓嶽之長安洞口.

전 8, 9시 무렵을 뜻한다.

屢度涉溪. 北得一谷. 迤折而到寺. 處地回抱. 無他可觀. 而後面峯嶺幽
夐. 可供遐矚. 左右僧寮. 新創板屋. 法堂方次第經始. 僧徒十餘人. 紛
遑未暇. 亦無可與語者. 夜宿東寮. 是日行八十里.

初九日甲午. 晴. 朝食後. 南出洞門. 循溪而東. 歷小開村. 行松林密陰
中. 北望諸峯. 觸目瑰奇. 而其中一峯. 特貞秀皓鮮. 遂創名之以白蓮.
又指其丹嶂聳霄. 如建赤標者曰彩霞. 顧謂寺僧同行者曰. 汝輩毋忘而識之.
行四五里. 北有小川蜿蜒而來. 作瀑五六丈. 上有層潭. 形態妙絶. 緣崖
而上. 俯視潭心. 形如釜鬲. 色若凝黛. 潭西巖上. 刻玉流泉三字. 過此
而行. 右有四巖. 似鸞翔鳳鶱. 而絶壁萬仞. 氣勢磅礴. 延亘數百步. 此
豈中原人所記南峯作絶壁者耶.

亡何歷寒溪寺舊基. 北面諸峯矗立森羅. 凜然可畏. 南有加里峯. 奇拔突
兀撐空. 左右顧瞻. 令人驚心動魄. 十里至眞木田. 周覽形勢. 攢峯疊嶂.
橫亘後面. 殊狀異態. 高處爛若玉雪. 而土岡三支. 自北蜿蜒而來. 幾數
百千步. 中支隆然蹲峙. 左右兩岡. 勢若扶挾. 而前山不甚嶤嶪. 積翠蔥
蘢. 背北面南. 日月明朗. 可以置屋於其中. 岡壟上下土地膏潤. 可耕處甚
多. 考按旣訖.

起行數百步. 至溪邊石上午飯. 逢過去僧. 問其何向. 則曰由五色嶺至襄
陽. 蓋此距海路八十里云. 欲尋歸路. 轉訪大乘菴. 而疲甚不能作. 爲留
宿計丁金芳舍丁金卽翕姪農奴. 今春. 牽牛來棲于此. 只加椽而無蓋. 遂
使鐵奴. 剝樹皮略覆於上. 下藉以草. 經夜於此. 星月透照. 風露滿身.
清冷不能成寐. 是日行二十餘里.

初十日乙未. 晴. 日上東峯. 峯色尤覺瑩晃. 緣小溪北上一里許. 有一小
阜. 地勢稍高. 而襟抱幽奧. 亦可置菴. 早食. 下寒溪舊基. 佛宇災於上
年. 石佛三軀. 燒毀於破瓦灰燼中. 惟有石塔立庭際. 芍藥數叢. 正開於

亂草間而已. 適遇村人. 問大乘菴路. 則指北邊兩峯石罅曰. 由此登登而上五里可達. 而極其艱險. 願毋往也. 徘徊仰瞻. 雲壁挿空. 令人意沮. 轉至東邊小溪. 此是瀑布下流. 而久旱幾至斷流. 瀑布之無可觀可知. 遂下至小開村. 溪邊曲肱假寐. 撑鍋作午食. 夕下宿圓通朴家. 是日行四十里.

十一日丙申. 雨. 驛吏金世民來見. 其人詳明. 能言寒溪諸勝境甚悉. 玉流泉阿次莫洞白雲菴洞. 皆渠採蔘時所歷踐. 玉流泉水窮處. 有故城基址. 而川路懸絶. 不可直上. 迤從大川盤石以北入五里許造焉. 絶壁周遭三面. 其缺處. 跨川築城. 高可四五丈. 又有石門宛然尙存. 城內土地平衍. 可以棲止. 越其北岡. 卽支離谷. 下數十里. 有三龍湫. 奇壯可賞. 阿次莫洞. 在眞木田東五里許. 沿溪北入. 有五六丈懸瀑者凡數處. 循川而上. 可達上雪嶽白雲菴. 自眞木田至洞口纔十里. 沿溪北上. 水石淸幽. 佳木櫛比. 行五里爲菴基. 背員絶壁. 面勢向東南. 而諸峯環列. 若堆銀削玉. 南有上筆如峯. 西有笠帽峯. 北則上雪嶽在十許里内. 登之可望東海云.

十二日丁酉. 晴. 馬瘏仍留.

十三日戊戌. 晴. 早食回程. 聞交灘水漲難涉. 迤從下流. 橋上而行. 西轉而北踰一小峴. 至富嶺底村家中火. 至嶺上回望雪嶽. 山形峯色. 歷歷可挹. 其雄蟠南北之勢. 未可以一覽而盡. 或騎或步. 須臾下嶺. 上上下下. 其勢異也. 到咸春李起善家歇馬. 昏到方川. 宿金英業家. 是日行百里.

十四日己亥. 晴. 夕陰灑雨. 早發至狼川程家. 中火. 歷原川西轉. 沿溪行三十里. 至繼祥寺. 有古塔浮屠. 而殘僧三四人. 草創菴寮. 未能成形. 亂草蔽庭. 無地可坐. 有老宿彦屹. 曾見於神秀寺. 渠嘗遊歷寒溪大乘菴. 轉訪鳳頂曲淵. 能言其勝致. 亦差可人意. 草幕陋甚. 焚香就枕. 是日行八十五里.

十五日庚子. 晴. 食前出寺. 由西南踰明知峴. 地勢高聳. 路甚峻急. 艱

難步下抵精舍. 日未三竿矣. 是日. 行二十里. 午後. 還華陰洞. 翌日.
翕姪歸洞陰.

出전: 金壽增, 『谷雲集』, 「寒溪山記」

8

유화악산기

遊華嶽山記

김수증金壽增

해제解題

「유화악산기遊華嶽山記」는 신미년1691 8월 28일 김수증金壽增, 1624~1701이 신랑申郞·승려 홍눌弘訥과 함께 이틀간 화악산에 오른 여정을 기록한 유람기이다. 김수증은 화악산 북쪽에 위치한 곡운谷雲에서 복거卜居하면서도 한번도 산에 오르지 않은 점을 고려하여 산꼭대기까지 오르는 계획을 세워 실행에 옮긴 것을 기록해 두었다. 또한 그는 산꼭대기에 올라 영서嶺西와 경기京畿의 땅들이 보면서 느낀 점이 주희朱熹가 운곡雲谷에 올라서 그 주변을 바라보던 느낌과 비슷할 것이라고 하였다. 한편, 한계산寒溪山의 험준함과 비교하면서 지난번 한계산을 유람할 때 자신이 그곳의 산등성과 봉우리를 오르지 않은 것을 매우 후회하고 있는 모습도 나타나고 있다.

국역國譯

화악산華嶽山[47]은 춘천부春川府 북쪽 80리에 있다. 금화金化의 대성산大聖山에서 뻗어 나와 영평永平의 백운산白雲山이 되었고, 백운산에서 동쪽으로 굽이쳐 와서 화악산이 되었다. 내가 처음 곡운谷雲에 복거卜居했는데 곡운은 화악산의 북쪽에 있고, 내 집은 바로 이 산과 서로 마주보고 있었다. 봉우리와 골짜기의 구름과 안개가 내가 앉는 자리까지 들어왔으나, 눈길을 보내며 누워서 구경만 하였지 벼랑에 매달리고 봉우리를 오르고자 하지는 않았으며, 또 예전에 산 입구 10여 리까지 갔다가 흥이 다하여 돌아온 적도 있었다. 또 작년에는 골짜기 어귀에 초당草堂을 짓고 이름을 '화음

---

47) 화악산(華嶽山): 강원도 화천군 사내면과 경기도 가평군 북면에 걸쳐 있는 산으로, 높이는 1,468m이다.

동華陰洞'이라 하였는데, 이곳은 화악산 기슭이니 화악산과도 더욱 가까웠다.

신미년1691 8월 28일에 신랑申郎과 함께 반수암伴睡菴의 승려 홍눌弘訥을 데리고 남쪽으로 갔는데, 산꼭대기까지 오르려고 계획했기 때문이었다. 소를 타고 반수암을 지나 서쪽 등성을 거쳐 올라가다가 소를 버려두고 남여를 타고서 오르고 또 올랐다. 지세가 차츰 높아지자 다시 남여도 두고서 짧은 옷에 짚신을 신고 지팡이를 짚으며 나아갔다. 숲은 우거지고 떨기도 울창하며 낙엽이 길을 덮었다. 중봉中峯 곁에 이르니 마을 사람 중에 매를 잡는 자가 풀집을 지어서 유숙할 장소를 만들어 놓았다. 곁에 옹달샘이 있어서 잠깐 앉아 낮잠을 자고 밥을 먹고 나서 굽이굽이 돌아 높이 올라갔는데 지나는 산등성이 곳곳에 매잡이 집이 있었다.

저녁 무렵이 되어서 꼭대기에 이르렀다. 산 한 줄기가 동쪽에서 구불거리며 오다가 우뚝 솟아 이곳과 마주보는 것이 '사자봉獅子峯'이었다. 사방이 훤히 트이고 막는 데가 없어서 멀고 가까운 여러 산들이 모두 두 눈 아래 들어왔다. 풍악산楓嶽山과 한계산寒溪山을 바라볼 수 있고 목멱산木覓山 또한 볼 수 있지만, 마침 구름과 이내에 가려버렸다. 삼각산三角山이 아스라한 가운데 희미하고, 춘천의 소양강昭陽江과 철원鐵原의 보개산寶盖山이 지척에 있는 듯하였다. 양구楊口의 저산猪山과 평강平康의 고암산高巖山이 선명하게 보였고, 영평永平의 국망산國望山이 높이 솟아 마치 여러 산들을 어루만지는 듯하였으며, 이 밖의 뭇 산으로 이름을 알 수 없는 것들은 다 헤아릴 수 없었다. 산의 서쪽 기슭은 바로 도성협道星峽인데 마치 겨드랑이에 끼인 듯이 좁고 두 산을 묶어 놓은 것 같아서 넓고 편평한 땅은 한 조각도 없는 듯하였다. 산 남쪽은 바로 가평加平 땅이었다.

아래로 1리쯤 내려오니 벼랑의 바위가 처마 모양이라 비바람을 가릴 수 있어서 이곳에 의지하여 작은 온돌을 만들고 섶으로 덮어 놓았는데, 이 또한 가평의 매잡이가 만든 것으로, 열 명 남짓한 무리들이 머물러 지내고 있었다. 우리는 마침내 솥을 걸고 저녁밥을 해먹었다. 이곳에서 밤을 지냈는데 구름과 안개가 희미하게 끼고 바람과 이슬을 온몸으로 맞느라 뼈 속까지 모두 얼어서 잠을 이룰 수 없었으니, 이번 여름 한계산에서 묵던 때와 같은 상황이었다. 탁주 한 잔을 마셨는데 홍눌은 곁에서 게송偈頌을 외고, 매잡이는 우리 종들과 더불어 소곤거리며, "어젯밤에 선비 몇 사람이 여기 와서 노는 꿈을 꾸었는데, 이제 과연 그렇게 되었으니 참 이상한 일이다"라고 하였다.

새벽에 일어나니 먹구름이 걷히고, 해가 동쪽 봉우리에 떠오르면서 흰 구름이 동남쪽에 드리워져 있었다. 산과 들이 하늘과 접해 끝이 없는데, 넘실거리는 모습이 마치 만 리에 걸친 검푸른 바다 같았다. 영서嶺西. 백두대간 서쪽 지역와 경기도의 땅들이 모두 눈 아래로 아득하게 들어오는데, 단지 용문산龍門山만 하늘가에 반쯤 드러나 보였고, 멀고 가까운 봉우리 끝이 점점이 나타났다가 사라지는 모습은 마치 섬들이 별처럼 늘어서고 바둑돌처럼 펼쳐진 듯하였다. 일찍이 풍악산을 찾아 아침에 수점水岾에 올랐더니 흰 구름이 만길 비로봉毗盧峯을 삼키었다 토하고는 했었는데, 이 또한 기이한 절경이었지만 장엄하고 드넓은 기세는 여기보다 조금 못하였다. 회옹[晦翁, 주희朱熹]께서 운곡雲谷에서 본 것이 과연 어떠하였는지는 알지 못하겠지만 이른바 천하의 기이한 장관을 참으로 먼저 보고 얻은 것일 것이다.

밥을 다 먹고 다시 꼭대기에 올랐다. 서풍은 산들산들 불고 날씨도 맑고 깨끗하였으나 서쪽의 구름 기운은 아직 걷히지 않아 다시 먼 데까지 조망할 수 없었지만, 곡운정사谷雲精舍와 솔숲의 촌락을 분명하게 분별할 수 있었고, 앞에 겹겹이 겹쳐진 봉우리 사이로 화음동이 어른거렸다. 마침내 어제 지나온 길을 버리고 곧장 중봉을 따라 내려갔다. 산등성이와 벼랑 가에 나무는 드문드문하지만 풀은 우거졌다. 철쭉이 산에 가득하고 간간이 진달래도 섞였으니, 꽃이 활짝 피어 아름답게 빛나는 때를 상상해 보았다. 높은 곳이라 나무가 잘 자라지 못하고 가지와 줄기가 구불구불하였다. 적목赤木:주목과 측백側栢, 해송海松:갓나무이 있고 또 이름을 알지 못하는 나무가 있었는데, 승려들은 이를 비목枇木:분비나무라고 불렀다. 가지나 잎은 삼목杉木:전나무 같고 그 줄기는 창백했는데, 겨울을 나고도 시들지 않았다. 일찍이 풍악산과 희령산戱靈山에서도 본적이 있는 아름다운 나무였다.

길을 반쯤 가서 깊은 골짜기에 이르니 마조장磨造匠[48] 몇 사람이 나무를 베는 부역을 지고 있었다. 잠깐 쉬면서 낮잠을 잤는데, 골짜기는 어둡고 수풀도 컴컴하여 방향을 구분하지 못한 채 산등성을 타고 넘으며 한참을 다니다가 내려와서 평평한 비탈을 만났다. 푸른 삼목이 천 그루쯤 즐비하게 빙 둘러섰는데 그 둘레가 혹 한 아름은 되었고, 그사이에 섞인 해송과 개오동이 하늘까지 치솟아 해를 가렸고 그 꼭대기가 보이지 않았다. 한낮에도 어둑어둑하여 기상이 늠름하고 엄숙하였으니, 천지가 개벽한 이래로 도끼질 하는 이가 들어오지 못한 것 같았다.

산꼭대기에서 여기까지가 3분의 2를 차지하고 있는데, 서편을 등지고 동편을 바라보고 있다. 윗부분은 용처럼 서리어 있고 아랫부분은 호랑이가 웅크린 것 같은 것이 여러 층이었지만, 나무그늘에 가려서 길이나 넓이를 자세히 알 수 없었다. 낙엽이 쌓이고 썩어 토양이 매우 기름지고, 여기에서 인삼과 산나물이 많이 생산되지만, 산승山僧이나 고을 사람들은 아직 보이지 않았다. 듣기로는 그 남쪽에 상암사上菴寺 옛 터가 있다고 하지

---

48) 마조장(磨造匠): 경공장(京工匠)의 일종으로 연자매를 제작하던 장인이나 도자기 제작과정에서 모양이 만들어진 후 잘 말려서 맵시를 고치는 장인을 이른다.

만, 숲이 깊고 길이 끊어져 그 자리를 알 수 없었다.

이곳에서 화음華陰까지는 10리를 넘지 않으니 만약 판잣집 하나를 지어서 때때로 오가면서 마치 회옹이 노봉蘆峯에서 한 것처럼 한다면 세상의 어지러움을 끊어버릴 수 있을 것이다. 그러나 산이 높고 골이 깊어 큰 역량이 아니고서는 지내기가 쉽지 않았고 보잘 것 없는 힘으로는 또한 새로 짓기가 어려웠다. 우선 그 승경을 기록해 두고 또 그 골짜기를 '태초泰初'라고 이름 지었다. 봄날이 화창하고 볕이 밝으면 다시 와서 조용히 노닐며 세상 밖 끝없는 풍치에 나를 맡겨봐야겠다.

이 태초 골짜기에서 아래로 내려가니 지세가 몹시 급하였고, 조금 더 내려가니 산비탈에 조를 심어 놓은 곳이 있었다. 이곳을 지나 방향을 바꾸어 시내가 흐르는 계곡으로 나왔는데, 시냇물은 남쪽 골짜기 가운데서 흘러나왔다. 이곳이 화음의 상류인데 골짜기에는 바위가 많고 시내가 가평읍까지 이어진다고 하였다. 개울 하나를 몇 번 건너자 돌길이 차츰 열렸다. 화음의 초당이 어느새 가까워졌지만 날이 이미 저물어 마침내 남여를 타고 돌아왔다.

한계산에 노닐던 때를 생각하며 대승암大乘菴을 찾아 폭포를 구경하고자 하였으나 바윗길이 험준하고 좁아서 채 몇 리 지나지 않았지만 겁이 나서 오를 수가 없었다. 지금 이곳에서 산등성과 봉우리를 오르내린 것이 거의 50, 60리인데, 그 어렵고 험준함은 한계령과 비교해 그리 다르지 않지만 멀고 가까움은 차이가 크다. 매우 한스러운 것은 그때 잠깐 다리 힘을 시험해 보지도 않고 위험하다고 멈추었던 일이다. 다행히 오늘 우연히 여기에서 노닐었는데, 꼭대기의 구름과 놀, 깊은 골짜기와 하늘을 덮은 수풀은 평생 두루 유람한 것 중에 이곳이 가장 기이하고 장대하다 하였지만, 겨우 한두 가지를 기록하여 나 자신을 돌아볼 뿐이다.

이해1691 중양일重陽日. 9월 9일에 화음의 부지암不知菴에서 쓰다.

원문原文

華嶽山在春川府北八十里. 自金化之大聖山轉而爲永平之白雲山. 自白雲東
迤而爲華嶽. 余始卜居谷雲. 谷雲在華嶽之北. 余家正與玆山相對. 峯壑雲
烟長入几席. 送目臥遊. 無所事乎攀崖陟巘. 亦嘗一至山門十餘里. 興盡
而返矣. 又於昨年. 作草堂於洞口. 名之曰華陰洞. 此是山之麓而與山尤
近. 辛未八月二十八日. 與申郎. 携伴睡菴僧弘訥南. 特爲登絶頂計. 騎
牛過伴睡菴. 由西岡而上. 捨牛乘藍輿. 登登而進. 勢漸高. 又捨輿. 短
衣藁屨. 杖策而行. 林莽叢蔚. 落葉被逕. 到中峯之側. 村人捕鷹者作茇
舍. 爲留宿之所. 傍有細泉. 少坐攤飯. 飯已. 轉上轉高. 所經山脊. 處
處有鷹舍. 向夕到絶頂. 山之一支. 迤東而隆然對峙. 名曰獅子峯. 四望
軒豁. 無所障礙. 遠近諸山. 皆歸眉睫. 楓嶽寒溪山可望. 木覓亦可見.
而適爲雲靄所蔽. 三角山熹微於氛陰中. 春川昭陽江. 鐵原寶盖山. 如在
咫尺. 楊口猪山. 平康高巖山. 歷歷平看. 永平國望山. 如撫卑幼. 此外
衆山之不知名者. 皆不可數. 山之西麓. 卽所謂道星峽. 如在腋下. 兩山
如束. 似無一片寬平之地也. 山之南. 卽加平境. 稍下一里許. 崖石如屋
簷. 可庇風雨. 依作小垓. 覆之以薪. 是亦加平捕鷹者所爲. 方有十餘輩
留住. 余遂撑鍋作夕炊. 經夜於此. 雲霧晦冥. 風露滿身. 心骨俱冷. 不
能著睡. 此與今夏宿寒溪時. 同一景象也. 小飮濁酒一盃. 訥僧在傍誦偈.
捕鷹人與吾僕從輩私語曰. 夜夢. 士夫數人. 來遊於此. 今果驗矣. 實是
異事云. 曉起雲陰解駁. 日上東峯. 白雲平鋪於東南. 山野接天無際. 洶

若萬里溟渤. 嶺西坼甸境界. 皆入眼底杳冥中. 只見龍門山半露於天畔. 遠近峯尖. 點點出沒. 有似島嶼之星羅碁布. 曾訪楓嶽. 朝登水岾. 毗盧萬仞. 白雲吞吐. 此亦奇絶. 而壯闊之勢. 少遜於此. 不知晦翁雲谷所見果如何. 而所謂天下之奇觀. 眞先獲也. 食罷. 還上峯頭. 西風微吹. 天日淸明. 而西邊雲氣猶未收. 不得更遠望. 谷雲精舍松林墟落. 了了可辨. 華陰洞隱隱於前峯襞積中. 遂舍昨日來路. 直從中峯而下. 緣岡傍厓. 林薄叢密. 躑躅滿山. 間以杜鵑. 想花時照映發揮. 高處樹木不長. 枝幹卷局. 有赤木側栢海松. 又有不知名之木. 僧輩呼爲枼木. 枝葉如杉. 其身蒼白. 經冬不凋. 曾見楓嶽戲靈山亦有之. 盖佳木也. 至半塗深谷中. 有磨造匠數人. 斫木作役. 少憩攤飯而行. 谷暗林昏. 迷東眩西. 跨越岡阜良久而下. 得一平坂. 蒼杉千章. 周匝櫛比. 其大或百圍. 間雜海松櫃樹. 浮天蔽日. 不見其巓. 白晝陰森. 氣象凜肅. 意其開闢以來. 斧斤不入也. 自嶽頂至此. 居三之二. 背西面東. 上盤下踞. 凡有數層. 而樹陰陰翳. 延袤廣狹. 迷不可詳. 落葉朽積. 土地深厚. 人參山蔬. 多産於此. 而山僧鄉人. 亦有未見者. 聞其南有上菴寺故基. 而林深路絶. 不知其處. 此去華陰. 不過十里. 若得作一板屋. 時時往來. 如蘆峯晦翁之爲. 則可以隔絶世紛. 而高山絶谷. 自非大力量. 未易居之. 瑣力又難開創. 姑記其勝. 且名其谷曰泰初. 春和景明. 庶復從容往遊. 以寄世外無窮之趣. 由此而下. 地亦懸急. 亡何. 有山坂種粟處. 過此而轉出溪壑. 水自南谷中來. 此是華陰上流. 巖洞犖确. 而可達加平邑居云. 屢渡一溪. 石路稍開. 華陰草堂已近而日已夕矣. 遂乘藍輿而還. 仍念遊寒溪時. 欲尋大乘菴觀瀑布. 巖逕峻窄. 不過數里而意悃. 不能輒登. 今此上下岡巒. 幾五六十里. 其爲艱險. 視彼無甚異同. 而遠近則懸矣. 深恨伊時不能少試脚力. 見險而止. 幸於今日. 偶成玆遊. 而絶頂雲霞. 深谷穹林. 平生所

歷覽. 惟此爲第一奇壯. 聊記一二. 以自觀焉. 是歲重陽日. 書于華陰之不知菴.

출전: 金壽增, 「谷雲集」, 「遊華嶽山記」

9

유희령산기

遊戲靈山記

김수증金壽增

해제解題

「유희령산기遊戱靈山記」는 임인년1662 9월 9일부터 14일까지 김수증金壽增. 1624~1701이 희령산에 올랐다가 돌아오는 여정이 기록된 유람기이다. 김수증은 희령산 향로봉香爐峯에 올라서 함께 올라온 승려와 마을 사람들로부터 함경도의 큰 산 줄기에서 시작해 철령鐵嶺·고미탄古未呑·회전檜田으로 이어지는 희령산의 형성과정을 기록해 두었다. 또한 희령산과 그 일대의 모든 산들에 대한 것들도 듣고서 함께 기록하였다.

국역國譯

임인년1662 9월 9일 기묘己卯, 맑음. 새벽밥을 먹고 북쪽으로 30리를 가서 피목천皮木遷으로 내려가니 터진 골짜기 사이로 시내가 흐르고 있었다. 물줄기는 평강현平康縣 고삽면高揷面에서 시작되는데, 민가 네댓 집이 시내 북쪽 가에 자리 잡고 있었다. 이곳에서 점심을 먹고 마을 북쪽의 고개 하나를 넘어 20여 리를 가서 청룡산靑龍山에 이르니, 희령산戱靈山과 청룡산이 마주 보며 솟아 있고 가파른 절벽과 겹겹의 봉우리가 좌우로 늘어서 있었다.

이 산은 전체가 돌덩어리로 이루어졌는데, 층층이 쌓인 바위가 곳곳에서 솟아나 크고 작은 봉우리를 만들어 우러러보니 우뚝하였다. 물은 맑고 돌은 흰데 계곡의 시냇물은 굽이굽이 두 산 사이를 졸졸 흘러가고, 돌길은 굽이돌며 시내를 끼고 이어졌다. 된서리가 내리는 시기를 막 지나 단풍잎은 이미 시들었지만, 아직도 붉은 기운이 남아서 계곡에 흐르는 시냇물에 은은히 비치니, 빼어나고 아름다운 경치는 또한 저절로 구경하기 어려울 것이지만, 다만 황폐한 산골짝에 묻혀 세상에 이름나지 않은 것이 애석하였다.

이어서 북쪽으로 나서니 산문이 점점 시원히 열리더니, 서쪽으로 돌아 몇 리쯤을 가자 큰 시내가 청룡산 서쪽 기슭을 스치며 흘러가는데, 물줄기가 이천伊川 고미탄古未呑에서 시작된다고 하였다. 들쭉날쭉하고 울퉁불퉁한 바위 위로 어지러운 물결이 이리저리 부딪치며 흐르다가 툭 끊어진 곳으로 쏟아져 내려 한 줄기 거대한 폭포를 만들었는데, 매달린 물줄기는 몇 길에 불과하지만 물살이 사납고 급하여 폭포 밑에는 너비가 몇 길이 되고 길이 또한 그 배쯤 되는 웅덩이가 움푹 패여 있었다. 흰 눈처럼 부서지는 물결과 은빛 파도가 넘실거리고 폭포 소리가 산골짝에 진동하며, 뿜어내는 물보라는 비가 날리는 듯하여, 사람으로 하여금 정신이 아찔하고 머리털이 쭈뼛 서게 만들어 가까이 갈 수가 없었다. 때마침 석양이 비치자 물보라는 구슬처럼 찬란하고 폭포는 웅장하고 화려하였으며, 몇 길이나 되는 선명한 무지개가 못 가운데에 가로 걸렸는데, 푸르고 붉은 빛이 엇갈려 비치면서 오래도록 사라지지 않는 것이 또한 기이하였다. 냇가 바위 위에 앉았다가 얼마 뒤에 동쪽으로 가다가 북쪽으로 몇 개의 고개를 넘어 사창社倉에 있는 촌집에서 투숙하였다. 읍치邑治에서 여기까지는 70리였다.

10일 경진庚辰, 맑음. 아침 일찍 사창을 출발하여 5리쯤 가서 큰 내를 건넜는데, 바로 어제 그 폭포의 상류였다. 또 작은 시내를 대여섯 번 건너 서쪽으로 꺾어서 북쪽으로 20여 리를 가서 안파령安巴嶺을 넘었는데, 고갯길이 점점 가팔라져서 말을 버리고 남여를 타고 고갯마루에 올라서 보니, 좌우로 본현의 황장산黃膓山이 있고 이른바 희령산이 북쪽에 우뚝 솟아 있었다. 멀리 희령산을 바라보니 여러 산이 오른편으로 잇달아 뻗어 있는데, 이곳은 바로 이천과 안변安邊의 경계라고 하였다. 고개를 내려와 유연촌楡淵村에서 점심을 먹었는데 사창에서 이곳까지는 30여 리였다.

유연에 이르러 널다리를 지나 나루를 건너서 동쪽으로 돌아서 가니 여기서부터 비로소 산자락을 밟게 되었다. 봉우리가 에워싸고 골짜기가 굽이졌는데 잡목이 즐비하고 단풍나무와 회나무가 간간이 섞여 있었다. 흰 돌과 이끼 낀 바위가 깊은 골짝에 어지러이 늘어섰고 물소리가 콸콸거려 가는 곳마다 시끄러웠다. 좁은 길이 시내를 끼고 나 있는데, 덩굴진 산포도가 서리를 견디고 무르익어 때때로 말 위에서 따먹고 갈증을 해소하며 10여 리를 갔다. 일찍이 중국사람 열아홉 명이 와서 살았는데 지금은 이미 떠나버리고 단지 한 사람만 남아 있었다. 또 도망친 노비 몇 호가 이곳에서 화전을 일구고 있었다. 여기서부터 위로는 나무가 더욱 빽빽하고 솜대가 땅을 덮었다.

해 질 녘에 심적암深寂菴에 다다랐다. 유연에서부터 이곳까지는 20리였다. 암자가 산의 남쪽 벼랑에 기대어 있었는데, 산이 좌우로 감싸 안았고 판자로 지은 집은 매우 깨끗하였다. 나무 속을 파내어 샘물을 끌어들였고, 그 앞에는 석대가 있어 앉을 만했는데, 우러러보니 봉우리 끝이 하늘을 떠받치고 있었다. 이곳에 사는 중 태성泰成과 계침桂琛은 글자를 조금 알아 이야기를 나눌 만했는데, 일찍이 묘향산妙香山에 있다가 지난해 여름에 와서 이 암자를 지었다고 하였다. 이날 밤 달빛은 밝고 소나무와 회나무는 더욱 짙어서 정취가 맑고도 깨끗하였으니, 문득 선정禪定에 든 듯한 정취가 있었다.

11일 신사, 맑음. 일찍 일어나 문을 여니 밤새 눈이 내렸나 싶을 정도였는데, 자세히 살펴보니 바위 빛깔이 흰 것이었다. 밥을 재촉하여 먹고 지팡이를 짚고 암자 서편을 따라 가다가 남여를 타고 갔는데, 산등성이가 점차 가팔라져 숲 속을 뚫고 조금씩 몇 리를 올라가서 견성암見性菴에 도착했다. 판잣집 몇 칸이 있었지만, 허물어졌고 거처하는 승려도 없었다. 암자 앞 석대에 잠시 앉았다가 다시 서쪽 산등성이를 따라서 가니, 길은 더욱 험해지고 이끼와 덩굴이 어지러이 나무에 엉겨 있어서 남여를 버리고 걸어갔는데, 더러는 돌 틈을 뚫고 가기도 했다.

북쪽으로 돌아 동쪽으로 가서 드디어 향적봉香爐峯에 올랐다. 봉우리 꼭대기에는 쌓인 바위가 서로 기대고 있고, 다른 잡목은 없이 다만 해송海松, 적목赤木. 주목, 철쭉, 향나무檜栢가 있었는데, 바람에 시달려 가지와 줄기는 작달막하고 울퉁불퉁하며 구불구불하였다. 바위에 기대 앉아 사방을 돌아보니, 멀고 가까운 여러 산들이 빙 둘러 늘어선 것이 얼마인지 모를 정도였다. 지세가 높고 솟아 있어 날짐승, 들짐승도 모두 자취가 끊어졌다. 이 날은 맑은 구름이 하늘에 떠 있고 북풍이 살짝 불었는데, 매 한 마리가 솟아올라 하늘을 선회하며 날고, 한 떼의 기러기가 점점이 북쪽에서 날아와 사람의 정신과 생각을 드날리게 하였으니, 문득 은하수 너머 우주로 나가는 기상49)이 있는 것 같았다. 승려 태성이 손가락으로 가리키며, "저곳은 아무 산이고, 이곳은 아무 땅입니다"라고 하였고, 남여를 메고 온 마을 사람도 자못 알고 있는데 잘 말해주어서 듣기가 좋았다.

대개 함경도의 큰 산 한 줄기가 곧장 철령鐵嶺으로 달려오다가 굽이쳐 영동嶺東, 백두대간 동쪽 지역의 여러 산이 되는데, 철령과 설운령雪雲嶺에 못 미쳐서는 남쪽으로 내달려 고미탄의 산이 되고, 고미탄에서부터는 회전檜田

---

49) 은하수를 …… 기상: 중장통(仲長統)의 「악지론(樂志論)」에, "세상을 초월하여 유유히 노닐고, 하늘과 땅 사이를 곁눈질하여 시대의 책임을 맡지 않고, 기약된 운명을 길이 보전한다. 이와 같이 하면 은하수를 넘어서 우주의 밖으로 나아갈 수 있으리니, 어찌 제왕의 문에 드는 것을 부러워하랴?[逍遙一世之上 睥睨天地之間 不受當時之責 永保性命之期 如是則可以凌霄漢 出宇宙之外矣 豈羨夫入帝王之門哉]"라고 하였다.

의 산이 되며(모두 이천), 회전에서부터 구불구불 이어져 남쪽으로 내달려서 희령산이 되었다. 동쪽은 비로봉毗盧峯이고 서쪽은 향로봉香爐峯인데, 회전에서 북쪽으로 돌아나가 설운령이 되었다. 설운령과 회전 사이로 멀리 큰 산 한 줄기가 면면히 이어진 것이 보였는데, 그 동쪽이 바로 안변安邊의 황룡산黃龍山이었다. 황룡산 북쪽에는 더는 산의 모양이 없고, 아스라이 하늘과 잇닿아 아득한 아지랑이처럼 비어 있는 것이 바로 낭성해[朗城海, 안변安邊]였다. 하늘과 물이 아득하여 있는 것 같기도 하고 없는 것 같기도 했는데, 여기서부터 동쪽으로는 대개 흡곡歙谷, 통천通川, 영해嶺海, 백두대간 동쪽 바닷 땅이지만 자세히 알 수는 없었다.

또 그 북쪽으로 가사산袈裟山과 오도산五道山, 모두 안변이 있고, 오도산 밖으로 몇 조각의 봉우리가 머리를 내미는데 이곳이 반룡산[盤龍山, 덕원德源]이었다. 북쪽에서 서쪽으로 가다가 가까이에 불룩하게 솟은 것이 갈산葛山, 이천이고, 빼어나게 솟아 오른 것이 광복산廣福山, 이천이었다. 멀리 붓 끝처럼 날카로운 것이 백련산[白蓮山, 곡산谷山]이요, 백련산과 오도산의 사이에 눈썹처럼 가로지른 것이 영덕산[靈德山, 고원高原]이었다. 높이 솟아 험준한 것은 문산門山, 고달산高達山, 곡산, 백련산[성천成川]이었다. 문산 아래로 누운 소 모양을 하고 있는 것이 언진산[偃眞山, 수안遂安]이요, 언진산 바깥에 푸른 상투처럼 우뚝한 것은 대청산[大靑山, 수안遂安, 상원祥原]이었다. 서쪽에서 남쪽으로 덕업산[德業山, 곡산谷山과 달리산達里山, 신계新溪]이 먼 허공 아래 은은히 비치고, 천마산天磨山과 성거산[聖居山, 송경松京]이 가까이에서 경계에 가로질러 뻗어 있고. 또 학봉산[鶴峯山, 토산兔山]이 맑은 이내 속에서 드러났다 숨었다 하였다.

또 남쪽을 바라보니, 가까이에 보개산寶盖山과 고암산高巖山, 철원이 눈 아래 우뚝 솟아 있고, 멀리 감악산紺嶽山과 도봉산道峯山이 구름 밖으로 희미하게 드러났다. 남쪽에서 동쪽으로 눈을 돌리니 화악산[華嶽山, 춘천春川], 오신산五申山, 대성산[大聖山, 김화金化], 백운산[白雲山, 영평永平], 용문산[龍門山, 양근揚根], 현등산[懸燈山, 가평加平]이 멀고 가까운 곳에서 은은히 비치는데, 모두 손가락으로 가리켜 볼 수 있었다.

동쪽을 바라보니, 세 고을[회양淮陽, 평강平康, 안변安邊]에 웅장하게 서려 있는 것이 청하산靑霞山이고, 발아래에 펀펀한 모습을 하고 있는 것이 분수령分水嶺이었다. 청하산 밖으로 멀리 큰 산을 볼 수 있었는데, 높이 솟고 험준하며 구름과 하늘 사이로 가로 놓여 솟아 있는 것이 바로 금강산金剛山이었다. 철령은 마치 책상 사이의 물건처럼 가깝지만 비로봉毗盧峯에 가려 있고, 멀리 삼각산三角山은 도봉산道峯山에 가려 있으며, 검산[劍山, 영흥永興]은 오도산에 막혀서 모두 바라볼 수 없었다. 황주黃州의 정방산正方山과 심원산深源山, 서흥瑞興의 자비령慈悲嶺, 봉산鳳山의 성불산成佛山, 장연長淵의 구월산九月山 등은 날씨가 맑으면 모두 멀리 바라볼 수 있지만, 이제 마침 안개가 허공을 덮어버려서 구별하여 가리킬 수 없는 것이 한스러웠다.

아득하게 우뚝이 높이 솟아 하늘에 떠서 가로로 내달리는 것은 모두 영서嶺西의 산인데, 구별할 수 없는 것이 많았다. 청룡산 같은 것은 평지에서 볼 때는 또한 매우 가파르게 솟아 있었지만 여기서는 겹쳐진 산줄기 사이에 숨겨져 있어 겨우 그 봉우리 정상만 구별할 수 있고, 그 나머지 이름 없는 작은 산과 뭇 자락들은 어지러이 멀고 가까운 곳에 뒤섞여 있어 마치 개밋둑이나 흙 언덕과 같았다. 이른바 '더 높이 올라가면 갈수록 더 널리 볼 수 있다'는 말이 맞다는 것을 알았다. 한참 뒤에 산을 내려와 심적암에 도착하여 유숙하였다.

12일 임오壬午, 맑음. 고을 사람이 와서 순찰사巡察使가 보낸 공문이 있다고 아뢰었다. 일찍 밥을 먹고 입구를 나섰다. 산 아래에 이르러 처음으로 눈과 같은 된서리를 보았다. 올 때의 길을 따라가 사창의 촌집에서 점심을 먹었다. 청룡산青龍山 서쪽 기슭을 따라 다시 폭포 한 줄기를 지나니, 끊어진 무지개가 잠깐 수면에 일었다. 저물녘에 목전면木田面의 중산촌中山村에 투숙하였다.

13일 계미癸未, 맑음. 일찍 출발하여 고개 하나를 넘어 40리를 가서 이천현伊川縣에 들어가 잤다.

14일 갑신甲申, 맑음. 일찍 아침밥을 먹고 30리를 가서 이천 옥곡참玉谷站에서 잠시 쉬다가, 평강현에 있는 옥동역玉洞驛에서 점심을 먹고 저녁에 집으로 돌아왔다.

원문原文

壬寅九月初九日己卯. 晴. 蓐食. 北行三十里. 下皮木遷. 兩峽中坼. 有川經其間. 源出本縣高揷面. 民家四五. 據水之北涯. 中火於此. 踰村北一峴. 行二十餘里. 至靑龍山. 兩山對峙. 峭壁攢峯. 左右簇立. 蓋此山以全石爲體. 層巖疊石. 處處矗立. 因作大小峯巒. 仰視突兀. 水淸石白. 溪流曲折. 潺潺於兩山之間. 石路縈廻. 緣溪而行. 嚴霜纔過. 楓葉已衰. 而猶有餘紅. 隱映澗壑. 絶境佳致. 亦自難得. 但埋沒於荒峽. 不甚名世. 惜也. 仍北出. 山門稍開豁. 西折而行數里許. 有大川掠靑龍西麓而流. 源出伊川古未呑云. 巖石槎牙. 亂流澎湃. 注下陡斷之處. 爲一大瀑. 懸流不過數丈. 而水勢悍急. 瀑潭頗凹. 廣可數丈. 長亦倍之. 雪浪銀濤. 聲振山壑. 噴沫飛雨. 令人神凜髮竪. 不可近前. 時夕陽照耀. 璀璨雄麗. 晴虹數丈. 橫出潭心. 靑紅交映. 良久不滅. 亦異矣. 坐川邊巖

上. 須臾迤東. 而北踰數峴. 投社倉村舍. 自縣治至此. 可七十里. 初十日庚辰. 晴. 早發社倉. 至五里許. 涉大川. 卽昨日瀑布上流. 又涉小川五六. 西折而北行二十餘里. 踰安巴嶺. 嶺路稍峻. 去馬而輿登嶺上. 左右有本縣黃腸山. 所謂戱靈山. 屹峙於北. 遠望諸山. 連亘於戱靈之右. 此卽伊川安邊之境云. 下嶺. 中火於楡淵村. 自社倉至此三十餘里. 至楡淵. 由板橋而涉. 東迤而行. 自此始躡山根. 峯回谷轉. 雜木櫛比. 楓檜間之. 白石苔巖. 錯列深壑. 水聲汩㶁. 在在喧豗. 細路緣溪. 藤蘿山葡萄. 經霜爛熟. 時於馬上. 摘取沃渴. 行至十餘里. 曾有漢人八九來棲. 今已移去. 只有一人. 而又有逃隸數戶. 燒畬于此. 自此以上. 山木益密. 綿竹覆地. 日晡. 到深寂菴. 自楡淵至此. 可二十里. 菴據山之南崖. 左右回抱. 板屋精洒. 刳木走泉. 前有石臺可坐. 仰視峯額撑空. 居僧泰成桂琛. 稍識字可語. 曾住香山. 去年夏. 來創此菴云. 是夜月明. 松檜陰陰. 氣象澄肅. 便覺有安禪入定之意也.

十一日辛巳. 晴. 早起開戶. 疑夜來雪下. 諦視之. 巖石色白而然也. 催食杖策. 從菴西. 肩輿而行. 山脊頗峻. 穿林木中. 稍上數里許. 到見性菴. 板屋數間. 頹廢無僧. 少坐菴前石臺. 又從西脊而行. 路益險. 苔蘇藤蘿. 籠絡亂樹. 去輿而步. 或穿石竇而出. 北轉而東. 遂上香爐峯. 峯頂攢石交撑. 無他雜木. 只有海松赤木躑躅檜栢. 而爲風所苦. 枝幹短促. 連蹇屈曲. 倚巖而坐. 四顧而望之. 遠近諸山. 環繞羅列者. 不知其幾. 地勢高聳. 翔走皆絶. 是日晴雲在空. 北風微吹. 一鷹飄飄. 盤天而飛. 陣鴈點點. 自北而來. 令人神思飛揚. 便有凌霄漢出宇宙之氣. 寺僧泰成指點曰. 彼爲某山. 此爲某地. 村民肩輿而來者. 亦頗認記而能言之. 聽之可喜. 蓋咸鏡大山一脉. 直注鐵嶺. 而迤爲嶺東諸山. 未及鐵嶺雪雲嶺. 而南馳爲古未呑之山. 自古未呑而爲檜田之山皆伊川. 自檜田逶迤

連絡. 南走而爲此山. 東曰毗盧峯. 西曰香爐峯. 而自檜田迤北. 爲雪雲嶺. 雪雲檜田之間. 遠見大山一帶綿亘. 而東卽安邊黃龍山也. 黃龍之北. 無復山形. 而漫衍接天. 渺靄空明者. 卽朗城海安邊也. 天水茫茫. 若存若亡. 自此以東. 蓋是歙通嶺海之地. 而不可詳也. 又其北. 有裂裟山五道山皆安邊. 五道之外. 闖出數片峯. 此盤龍山德源也. 自北而西. 近而隆然者. 葛山伊川也. 秀拔者. 廣福伊川也. 遠而夫如筆鋒者. 白蓮山谷山也. 白蓮五道之間. 橫如一眉者. 靈德山高原也. 高聳嶕崒者. 門山也. 高達山谷山也. 白蓮山成川也. 門山之下. 形如臥牛者. 偃眞山遂安也. 偃眞之外. 點如翠髻者. 大靑山遂安祥原也. 自西而南. 德業谷山達里新溪. 隱暎於遠空. 天磨聖居松京. 橫鶩於近界. 又有鶴峯山兎山. 出沒晴嵐中. 又直南而望. 則近而寶盖高巖鐵原. 峭拔於眼下. 遠而紺嶽道峯. 微露於雲表. 自南而東. 曰華嶽山春川. 曰五申山. 曰大聖山金化. 曰白雲山永平. 曰龍門山揚根. 曰懸燈山加平. 隱暎於遠近. 皆可指而見也. 直東而望. 雄盤於三邑者淮陽平康安邊. 靑霞山也. 平衍於脚底者. 分水嶺也. 靑霞之外. 遙望大山. 峻拔嶙峋. 橫峙雲天之間. 此卽金剛山也. 鐵嶺如几案間物而近. 爲毗盧所礙. 遠則三角爲道峯所蔽. 劍山永興爲五道所障. 皆不得望見. 如黃州之正方深源. 瑞興之慈悲嶺. 鳳山之成佛. 長淵之九月等山. 天氣淸明則皆可遙望. 而今適氛氣蔽空. 不得辨指. 是可恨也. 其綿邈嵯峨. 橫馳浮天者. 大都嶺西之山. 而多不能辨. 至如靑龍山. 平地看來. 亦其峭拔. 而隱沒於襞積之間. 僅辨其峯頂. 其餘無名小山衆皺. 瀾漫堆錯於遠近者. 若丘垤培塿然. 所謂所處益高. 所見益廣者. 信哉. 良久下山. 到菴留宿.

十二日壬午. 晴. 縣人來告有巡相文移. 早食出洞門. 至山下. 始見嚴霜如雪. 由來路. 中火於社倉村. 從靑龍山西麓. 更過瀑流一條. 斷虹午起水

面. 暮投木田中山村.

十三日癸未. 晴. 早發踰一峴. 行四十里. 入伊川縣宿.

十四日甲申. 晴. 早食行三十里. 少憩伊川玉谷站. 中火縣境玉洞驛. 夕還
縣齋.

출전: 金壽增,『谷雲集』,「遊戲靈山記」

10

청룡산청룡사기

青龍山青龍寺記

김수증金壽增

해제解題

「청룡산청룡사기靑龍山靑龍寺記」는 김수증金壽增, 1624~1701의 『곡운집谷雲集』에 수록되어 있다. 김수증이 공무公務로 청룡산을 지나게 되었는데, 그 안의 청룡사 옛터와 계조암繼祖菴의 모습과 그 주변 경관들에 대한 설명이 기록되어 있다. 또한 직접 가지는 않았으나 산성山城 옛터와 옛 비석이 있음을 기록하였다.

국역國譯

서울에서 동주東州, 강원 철원를 거쳐 궁예弓裔의 옛 도읍지를 지나 평강현平康縣50) 북쪽에 이르렀는데, 이곳은 북관北關, 함경도과 접해 있다. 지세가 높고 골짜기는 깊으며 내는 움푹 파이고 바위는 검어서 형세形勢가 대체로 음산하고 험하여 볼 만한 곳이 드물다. 오직 현의 북쪽 60리에 있는 청룡산靑龍山만이 깎아지른 절벽과 가파른 바위, 험한 봉우리가 첩첩이 서 있고 흐르는 물이 맑고 세차서 굽이마다 소리가 들리니, 이곳이 골짜기에서 가장 아름다운 곳이다.

내가 일찍이 그사이로 자주 다녔지만 끝까지는 찾아가지는 못하다가 지금 공무公務로 청룡산을 거쳐 골짜기로 들어가니, 어둑한 숲 속에 어린 잎이 막 닦아놓은 듯 깨끗하였다. 오솔길을 따라 동쪽으로 5리쯤 가니 돌 비탈이 얼룩덜룩하고 바위봉우리가 모여서 에워쌌는데, 이른바 청룡사

---

50) 평강현(平康縣): 평강현은 광주산줄기와 마식령산줄기의 남단 그리고 그사이에 남북 방향으로 놓여 있는 추가령지구대와 평강고원에 자리 잡고 있으며 동부의 산간지대로부터 서부의 비교적 낮은 지대에 이르는 중간지대에 놓여 있다.

옛터라는 곳에 이르렀다. 주춧돌은 무너지고 기와는 부서졌으며 아직도 타고 남은 재가 남아 있었다. 조금 위로 수십 보 올라가니, 바위 위에 1칸 불당이 거의 무너진 채로 있고, 불당 뒤의 돌샘은 땅속 샘물줄기가 매우 커서 바위를 뚫고 새어 나오는데 맛이 지극히 달고 찼다.

다시 여기서 동쪽으로 올라가니 돌이 오솔길을 어지러이 덮었고 시든 꽃이 숲에 남아 있었는데, 몇 리를 걸어서 계조암繼祖菴에 이르렀다. 계조 암은 겨우 네댓 칸인데, 그 위는 절벽이요 그 아래도 절벽이라 흙이라고 는 한 줌도 없이 첩첩 쌓인 바위가 대臺를 이루고 있었다. 대 앞에 배꽃이 반쯤 지고 있었고, 계단 사이로 모란이 봉오리를 틔우고 있었다. 호젓하고 사람도 없었지만 빈 부엌에는 땔나무가 묶여 있고, 먼지 낀 감실에 등잔 이 걸려 있는 것으로 보아 승려가 떠난 지 오래되지는 않은 것 같았다. 암 자 뒤의 바위를 타고 떨어지는 물은 맑고도 차서 마실만했다. 온 산의 봉 우리와 골짜기가 다투어 계조암 뜰로 달려오고 서북쪽의 바위봉우리는 툭 끊어져 병풍처럼 둘러쳤는데, 소나무와 전나무가 은은히 그늘져서 바 라보니 마치 그림 같았다. 돌아서 동북쪽으로 갔는데 갈수록 점점 험해져 서 끝까지 갈 수가 없었다.

다시 청룡사를 지나 구불구불 오른쪽으로 가면 산성山城 옛터와 옛 비 석이 있다고 했는데, 갈 길이 바빠서 찾아갈 겨를이 없었다. 구불구불 북 쪽으로 가니 나무를 엮어 만든 다리가 물 흐르는 골짜기에 걸려 있었다. 내가 다리 이름을 '청룡교靑龍橋'라고 지었는데, 산 이름과 절 이름이 모두 청룡이고 고인古人이 "해 지면 푸른 용이 물속에 나타나리[日落靑龍見水 中]"라고 한 말도 있으니 취해서 이름으로 삼은 것이다. 다리를 건너 사방 을 둘러보니 위아래에는 작은 못이 맑고 깊었으며, 좌우에는 층층 절벽이 늘어서 있었다. 산문에 이르니, 또한 바위봉우리가 우뚝하게 서 있었는데 높이가 백 길은 되어서 또한 즐길 만하였다. 이어서 서쪽 기슭에 이르렀다. 폭포를 본 것은 따로 기록해 둔다.

원문原文

自京城由東州. 過弓裔舊都. 至平康北面. 境接北關. 地高而峽深. 川陷而石礐. 形勢大抵陰險. 鮮有開眼處. 惟靑龍山在縣北六十里. 截壁嶄嵒. 危峯矗立. 潺流淸激. 曲折有聲. 此乃峽中一佳處也. 余曾屢道於其間. 而不得窮探. 今因公幹. 歷此山入其洞. 樹林陰翳. 嫩葉如拭. 由一線路. 東行五里許. 石磴犖确. 巖巒廻合. 至所謂靑龍寺舊址. 敗礎毀瓦. 尙有餘燼. 稍上數十步. 石上有一間佛屋. 幾盡頹圮. 屋後石泉. 泉脈甚大. 穿漏巖石而流. 味極甘洌. 又由此東上. 亂石被徑. 殘花在林. 行數里. 至繼祖菴. 菴纔四五架. 其上絶壁. 其下亦絶壁. 地無寸土. 疊石爲臺. 臺前梨花半落. 階間芍藥抽芽. 闃寂無人. 虛廚束薪. 塵龕懸燈. 計其僧去不久矣. 菴後石溜. 淸冷可飮. 一山峯壑. 爭入戶庭. 西北石峯. 陡斷如屛. 松檜掩映. 望之如畫. 轉而東北. 愈峭險不可窮也. 還過靑龍寺. 迤右而行. 有山城舊址. 又有古碑云. 而行忙未暇歷訪. 迤北而行. 編木爲橋. 跨於澗壑. 余乃創名之曰靑龍橋. 蓋山名寺名皆靑龍. 而古人有日落靑龍見水中之語. 故取以爲名. 渡橋而回望. 則上下小潭淸泓. 左右層壁列竪. 轉至山門. 又有石峯特立. 高可百丈. 亦可玩也. 仍到西麓. 看瀑別有記.

출전: 金壽增, 『谷雲集』, 「靑龍山靑龍寺記」

11

유청학산기

遊青鶴山記

이이 李珥

이이(李珥, 1536~1584): 자는 숙헌(叔獻), 호는 율곡(栗谷)·석담(石潭)·우재(愚齋)이고 본관은 덕수(德水)이다. 어려서는 주로 어머니의 가르침을 받았으며, 1548년(명종 3) 13세의 나이로 진사시에 합격했다. 16세에 어머니를 여의자 파주 두문리 자운산에서 3년간 시묘(侍墓)했다. 1554년 성혼(成渾)과 교분을 맺었다. 그해에 금강산에 들어가 불교를 공부하다가 다음 해 하산하여 스스로 자경문(自警文)을 짓고 다시 유학에 몰두했다. 1558년 23세 되던 해에 예안(禮安)의 도산(陶山)으로 가서 당시 58세였던 이황(李滉)을 방문했다. 1564년 식년문과에 장원급제하기까지 모두 9번에 걸쳐 장원을 하여 세간에서는 그를 '구도장원공(九度壯元公)'이라 일컬었다. 1564년 호조좌랑(戶曹佐郎)에 처음 임명된 뒤, 1583년 판돈녕부사(判敦寧府使)와 이조판서(吏曹判書)에 임명되었다. 이듬해 정월 49세를 일기로 죽었다. 저서로는 『성학집요(聖學輯要)』·『격몽요결(擊蒙要訣)』·『소학집주개본(小學集注改本)』·『중용토석(中庸吐釋)』·『경연일기(經筵日記)』 등이 있다. 문묘에 종향되었으며, 파주 자운서원(紫雲書院)·강릉 송담서원(松潭書院)·풍덕 구암서원(龜巖書院)·황주 백록동서원(白鹿洞書院) 등 20여 개 서원에 배향되었다. 시호는 문성(文成)이다.

해제解題

　「유청학산기遊靑鶴山記」는 율곡栗谷 이이李珥, 1536~1584가 청학산의 선경仙境에 대한 이야기를 전해 듣고서 서외숙庶外叔·동생 이위李瑋·박유朴宥·장여필張汝弼 등과 함께 청학산을 올라갔다 온 것을 기록한 유람기이다. 일행들은 지정智正이라는 승려의 인도로 험난하고 위험한 곳을 지나 청학靑鶴의 둥지가 있는 봉우리로 올랐는데, 봉우리 주변 경색境色의 기이함에 놀라워하는 모습이 나타난다. 또한 이이가 일행들과 산에서 내려오면서 봉우리와 바위마다 이름을 붙이면서, 산의 이름을 '청학'이라 짓고 있다.

국역國譯

　융경隆慶 기사년1569에 내가 벼슬을 그만두고 강릉으로 조모님을 뵈러 갔다가 마침 마을 사람들과 경치 좋은 천석泉石에 이야기가 미치게 되었다. 내가 "대관령大關嶺 동쪽으로는 유람하는 이들이 으레 한송정寒松亭과 경포대鏡浦臺를 일컫는데, 이는 다 강과 바다의 경치일 뿐입니다. 골짜기와 시내 중에 유정幽貞51)에 뜻 둔 이가 깃들어 쉴 만한 곳이 있다는 말은 듣지 못하였습니다. 아마 있기는 하겠지만, 저는 아직 보지 못하였습니다"라고 하였다. 대유大宥 박유朴宥가 옆에 있다가, "제가 상사上舍 장여필張汝弼52)에게 들었는데, 연곡현連谷縣, 강릉시 연곡면 서쪽에 오대산五臺山에서 뻗어 내려온 산이 백여 리에 걸쳐 서려 있고, 그 속에 있는 골짜기가 매우 깨끗하고

---

51) 유정(幽貞): 유정은 천택이괘(天澤履卦) 구이 효사의 일부인 '유인정길(幽人貞吉)'을 줄인 말이다. 천택이괘는 안으로는 기뻐하여 하늘의 뜻을 따르고, 밖으로는 백성을 교화하여 민심을 안정시켜야 하는 상(象)이다.

52) 장여필(張汝弼, 1533~미상): 자는 중린(仲鄰)이고, 본관은 부안(扶安)이다. 1567년 식년시(式年試)에 합격하였다.

좋은데, 깊숙한 곳에는 청학靑鶴이 바위봉우리 위에 깃들이고 있어, 참으로 선경仙境이지만, 다만 유람하는 사람이 이르지 않았으므로 숨겨진 채 크게 알려지지 않았을 뿐이라고 했습니다"라고 하였다. 내가 이 말을 들으니 나도 모르게 마음이 시원하여졌다.

드디어 이 깊고 그윽한 곳을 찾아보려는 계획을 정하였는데, 권 표장表丈53)께서 바닷가에 '무진정無盡亭'이라는 정자를 가지고 계셔서 서외숙이 먼저 가서 기다리기로 하고, 내가 아우 위瑋54)를 데리고 뒤따라갔다. 때는 초여름 4월 보름 하루 전이었다. 무진정 아래는 긴 냇물이 굽이굽이 흘러 바다로 들어가고 바다 입구에는 암석이 많아서 낚시터가 될 만하였다. 서외숙이 냇물을 가리키면서, "냇물이 오대산 북대北臺에서 시작되는데, 그 흐름을 거슬러 들어가면 학소암鶴巢巖을 볼 수 있다고 마을 사람들이 말한다네"라고 하였다.

저물녘에 작은 배를 띄웠는데, 중린仲鄰 장여필張汝弼도 함께 참여하였다. 흰 모래가 바다 앞에 펼쳐져 있고 달빛이 대낮처럼 환하였으며, 바람이 멎고 물결은 고요했다. 노를 저어 중류에 이르러 술을 들고 달을 향해 서로 권하다가 밤이 깊어서야 정자로 돌아왔다.

이튿날 서외숙 및 나와 계헌季獻, 중린이 고삐를 나란히 하여 갔는데, 백운천白雲遷을 지나 토곡兎谷 강원도 강릉 입구에 당도하니, 길가 바위에는 시내가 흐르고 양쪽으로 나무그늘이 져서 말에서 내려 쉬었다. 계곡 위에 초

---

53) 권 표장(表丈): 율곡의 서외숙(庶外叔)을 말한다.
54) 이위(李瑋, 1542~1609) 자는 계헌(季獻), 호는 옥산(玉山)·죽와(竹窩)·기와(寄窩)이며, 본관은 덕수(德水)이다. 원수(元秀)의 아들이며, 이(珥)의 동생으로, 어머니는 사임당신씨(師任堂申氏)이다. 1567년 진사시에 합격하였고, 비안현감(比安縣監)과 괴산(槐山)·고부군수(古阜郡守)를 거쳐 군자감정(軍資監正)에 이르렀다. 시(詩)·서(書)·화(畵)·금(琴)을 다 잘하여 4절(四絶)이라 불렸다. 글씨는 행서(行書)·초서(草書)를 잘 쓰고 그림은 초충(草蟲)·사군자·포도 등을 다 잘 그렸는데, 어머니의 화풍을 따랐다. 아들 경절(景節)도 가법(家法)을 이어 서·화·금에 능하여 3절이라는 말을 들었다. 유작으로는 「설중매죽도(雪中梅竹圖)」(개인 소장)·「노매도(老梅圖)」·「수과초충도(水瓜草蟲圖)」(서울대학교박물관 소장)·「포도도(葡萄圖)」 등이 전한다.

옥옥草屋을 얽을 만한 언덕이 있어서 내가 외숙께, "만약 이 언덕 위에 몇 칸 모옥茅屋을 짓는다면 은거할 곳으로 삼을 만합니다"라고 하였다. 우리는 바위에 기대어 물속에서 헤엄치는 물고기를 세면서 한참 동안 머물러 있었는데, 박대유朴大宥가 말을 몰아 뒤쫓아 도착하였다. 동복童僕에게 삭정이를 줍게 하여 모래 위에서 밥을 지어 먹었다. 사냥꾼을 만나 길을 묻고 그에게 앞장서게 하여 곡연曲淵에 이르렀는데, 절벽이 갈라진 곳에서 거센 물이 쏟아져 내려 빙 돌아 못을 이루었고 물빛이 검푸르렀다. 바위 곁에서 굽어보니, 두려워 정신이 오싹하였다.

다시 고개 둘을 넘어 30여 리쯤 걸어가니, 고개 하나가 대단히 높고 길가의 수석水石이 들어갈수록 더욱 기이하였는데, 눈이 어지러워 이루 다 기록할 수 없었다. 토곡兎谷에서부터 서쪽으로는 조화옹이 점차 교묘한 솜씨를 펴 학소암鶴巢巖: 학이 바위에 둥지를 틈 바탕을 만들어 놓은 것이었다. 고개 밑에 펼쳐진 편편한 들판은 사방 3, 4리쯤 되어 보였다. 여러 봉우리가 비취빛으로 감싸고, 한 시내가 벽옥빛을 둘렀는데, 서늘한 바위가 특이하고 훌륭하였다. 큰 나무들이 무성한 가운데 한 채의 초가집이 있었는데, 울타리가 쓸쓸하여 마치 은자隱者의 집과 같았고, 통나무를 쪼개 홈통을 만들어 물을 받아서 물방아를 만들어 놓았다. 우리는 여기저기 둘러보는 사이에 자못 세속을 떠나고 싶은 생각이 들었다.

다시 5리 남짓 가서 절을 만나 쉬었다. 판자로 이은 집이 매우 따뜻하였는데, 노승老僧이 숲 사이로 보이는 작은 길을 가리키면서, "저 길을 따라 수십 보를 가면 한 군데 아름다운 곳이 있습니다"라고 하였다. 우리들이 그 노승을 따라 가보니, 과연 푸른 낭떠러지는 오이를 깎아 세운 듯하고, 날아 떨어지는 폭포수는 눈처럼 흰 포말을 뿜어내고 있었다. 암석 위에서 산책하면서 외로운 소나무를 어루만지다가, 해가 지고 어둠이 깔려서야

절로 돌아와서, 그 못에 '창운漲雲'이라는 이름을 붙였다.

　지정智正이라는 중이 산길에 익숙하다 하여 그를 불러 내일 유람할 곳이 어떤지 물어 보았더니, 지정이, "여기서부터 서쪽으로 4리쯤 가면 '관음천觀音遷'이라고 하는 조도鳥道[55]가 있고 그 서쪽에 석문石門이 있으며, 석문 안에 식당암食堂巖이 있고 식당암 서쪽에 산성山城[56]이 있는데, 성가퀴가 지금도 완연합니다. 다시 5리쯤 가면 바위 봉우리가 우뚝 솟아 하늘에 닿을 만한 것이 모두 셋인데, 구름을 두른 흰 바위가 높고 험준합니다. 맑은 물이 그사이에서 쏟아지고 있으며, 그 봉우리 위에는 청학靑鶴의 둥지가 있지만, 돌로 된 잔도棧道가 매우 위태로워 한 번 발을 헛디디면 곧바로 천 길 낭떠러지로 떨어지게 됩니다"라고 하였다.

　이튿날 아침에 우리는 가벼운 옷차림으로 짚신에 지팡이를 짚고 나섰는데, 지정이 사냥꾼과 함께 길을 인도하였다. 산길이 잡초로 막혀있는 데다가 낙엽까지 덮여 도무지 분간할 수 없어서 냇물을 따라 돌을 밟았는데 길이 더없이 험난하였다. 걸어간 지 얼마 안 되어 기이한 봉우리와 첩첩이 쌓인 바위를 보았는데, 그 정취가 매우 특이하였다. 한 가닥 오솔길을 찾아 높은 등성이를 이리저리 돌면서 나무를 더위잡고 올라가 바라보니, 구름에 쌓인 등성이는 아득하고 수풀에 덮인 골짜기는 깊숙하며, 거세게 흐르는 계곡 물이 옥을 부딪치는 소리를 내면서 보였다가 안 보였다가 하니, 동부洞府가 얼마나 깊숙한지 알 수 없었고, 또 그 거리가 얼마나 되는지도 알 길이 없었다. 사냥꾼이, "여기가 관음천觀音遷의 첫 번째 바위입니다"라고 하였다.

　봉우리가 둘러싸고 길은 끊어졌으며 푸르른 벼랑이 앞을 막아서서 그

---

55) 조도(鳥道): 나는 새만이 갈 수 있을 만큼 좁은 산속 길을 말한다.
56) 산성(山城): 신라의 마지막왕인 경순왕(敬順王)이 고려 왕건(王建)에게 나라를 내주자 경순왕의 아들 마의태자(麻衣太子)가 이에 불복하여 군사를 이끌고 이곳에 와서 성을 쌓고 대항하였다고 한다.

벼랑 중턱에 붙어서 지나갔는데, 아래에는 깊은 못이 있었다. 나와 아우가 기다시피 하여 겨우 건너가니, 대유가 먼저 가면서 뒤돌아보고 웃었다. 등성이를 내려와 석문石門에 이르니, 둥근 바위가 벼랑 모서리에 걸쳐 있고, 바위 아래에 구멍이 나 있어서 겨우 머리를 숙이고 들어갈 수 있었다. 이윽고 석문에 들어서니 그 경색境色이 더욱 기이하여 어리둥절할 정도로 딴 세계였다. 사방은 모두 바위산이 솟아 있고, 푸른 잣나무와 키 작은 소나무가 석문 양쪽 병풍 같은 사이를 채우고 있었다.

냇물이 아주 먼 곳에서 흘러와 부딪쳐 흐르다가 폭포를 이루니 맑은 하늘에 천둥소리가 계곡을 뒤흔들었다. 물살이 고여 못을 만드니 흠 없이 깨끗한 거울이었는데, 깊고 맑으며 밝고도 푸른 물에 낙엽도 떨어져 있지 않았다. 구비마다 휘돌아 흘러 비치는 암석 모양이 온갖 형상으로 변하였다. 산그늘과 나무 그림자에 이내가 섞여 어둑하니 햇빛을 볼 수 없었다.

흰 돌 위를 거닐며 잔잔한 물살을 희롱하면서 좋은 자리를 고르려고 했지만, 그 요령을 알지 못하여 여러 번 자리를 옮기다가, 맨 나중에 바위 하나를 발견하였는데, 편편하고 넓으며 층계가 있었다. 그 위에 나란히 앉아 간단한 술자리를 벌여놓고 바로 서쪽에 있는 봉우리 하나를 우러러보니, 가장 높고 모양이 특이하여 '촉운봉矗雲峯'이라고 이름 붙이고, 예전에 '식당食堂'이라고 부르던 이 바위를 '비선祕仙'이라고 이름을 고쳤으며, 이 일대 골짜기를 '천유天遊'라고 이름 붙이고, 바위 아래 있는 못을 '경담鏡潭'이라고 이름 붙였으며, 산 전체를 '청학靑鶴'이라고 이름 지었다.

우리는 산성山城을 지나서 학소암鶴巢巖을 찾아가보고 싶었으나, 마침 비가 올 기미가 있고 산길이 더욱 험해질까 염려되어 아쉬운 마음으로 그만두었다. 돌아오는 길을 찾아서 열 걸음에 아홉 번은 뒤돌아보면서 나는 대유와 다음에는 여유를 가지고 유람하자고 약속하였다. 암자까지 50여

리를 남겨두고, 시내 위 너럭바위에 앉아 점심을 먹었다.

산을 나와 토곡兎谷에 이르니, 근중謹仲 권신權愼이 술을 가지고 길가의 층대바위에서 기다리고 있었는데, 바위 옆에는 한 길가량 되는 폭포가 떨어지고 있었다. 이 바위에 앉아 술잔을 나누며 '취선암醉仙巖'이라고 이름 붙이고, 저녁이 되어서야 무진정無盡亭으로 돌아왔다.

아! 천지가 있은 뒤로 이 산이 있었을 것이고, 하늘과 땅이 열린 지도 이미 오래되었는데 아직까지 세상에 이름이 알려지지 않았다. 산성山城을 구축한 것이 어느 시대였는지 알 수 없으나, 처음 이 산성을 짓기 시작한 자는 난리를 피하려는 관리나 백성에 지나지 않았을 것이다. 만약 유인幽人이나 일사逸士가 한 번이라도 이 석문을 찾아왔었다면 어찌 후세에 한마디 말이나마 남겨놓지 않았겠는가? 아니면 혹 그러한 사람이 있었지만 세상 사람들이 전하지 못한 것일까?

저 오대산이나 두타산 등은 여기에 비유하면 그 품격이 낮은데도 오히려 이름을 떨치고 아름다움을 전파하여 관람하는 자가 끊이지 않는데, 이 산은 중첩된 봉우리와 겹겹의 골짜기 속에 그 뛰어난 경치를 숨기고 있어서 아무도 이 감추어진 지역을 뚫고 들어온 자가 없거늘, 하물며 이렇게 깊은 곳임에야! 세상 사람들이 알거나 모르거나 그것이 산에 있어서는 아무런 손익損益이 없지만 다만 사물의 이치란 본시 그렇지 않다. 하루 아침에 우리들을 만나서 뒷사람으로 하여금 이 산이 있는 줄을 알게 하였으니, 이 또한 운수일 뿐이다. 또 이외에도 신령스러운 곳이 세속 밖에 비장되어 있어 이 산보다 더 기이한데도, 우리가 미처 알지 못하는 곳이 있을지도 모른다. 아! 세상에 지기知己를 만나고 만나지 못하는 것이 유독 산뿐이겠는가?

원문原文

隆慶己巳. 余休官. 省祖母于江陵. 與鄉人語及泉石. 余曰. 大嶺以東.
遊觀者必稱寒松鏡浦. 此皆江海之勝耳. 不聞有洞天溪壑. 可棲幽貞者.
蓋有之矣. 我未之見也. 朴宥大宥在旁曰. 吾聞之張上舍汝弼. 連谷縣之
西. 有山來自五臺. 蟠根百餘里. 中有洞壑. 甚清勝. 深處有靑鶴. 棲于
巖峯上. 此眞仙境也. 只是遊人不到. 故隱而不耀耳. 余聞之. 不覺爽
然. 遂定尋幽之計. 權表丈有亭在海上. 名曰無盡. 表丈先往相待. 余與
舍弟瑋季獻踵焉. 時夏四月望前一日也. 亭下長川. 迤邐入海. 海口多嵒
石. 可爲釣磯. 表丈指川曰. 川源出自五臺之北臺. 沿流而入. 可見鶴巢.
鄉人云. 黃昏泛小艇. 張汝弼仲鄰亦與焉. 白沙隔海. 月色如晝. 風止波
恬. 放棹中流. 擧酒向月而相屬. 夜深還亭. 明日. 表丈及余季獻仲鄰聯
轡而行. 過白雲遷. 至兔谷之口. 路旁巖流. 挾以樹陰. 下馬而憩. 溪上
有丘可構屋. 余謂表丈曰. 若成茅齋數椽於此丘. 則可作幽棲之所矣. 余
等倚嵒數游魚. 良久不發. 朴大宥策馬追到. 使童僕拾榾柮. 炊飯于沙
上. 遇虞人問路. 使之前導. 行到曲淵. 絶壁中拆. 驚湍下注. 環回作
潭. 水色蒼黑. 旁巖俯窺. 凜然神悸. 復踰二嶺. 凡行三十餘里. 一嶺
甚高峻. 緣路水石. 轉入轉奇. 眼眩不可悉記. 蓋兔谷以西. 造化漸施巧
手. 以爲鶴巢巖張本矣. 嶺下平郊. 方可三四里. 疊峯擁翠. 一溪繞碧.
寒巖秀異. 喬木扶疏. 有一草屋. 籬落蕭條. 若隱者之室. 刳木受泉. 以
爲水碓. 余等徘徊顧瞻. 頗有遺世絶俗之思. 復行五里餘. 得僧舍而休
焉. 板屋甚溫. 老僧指林開細逕曰. 從此行數十步. 有一佳境. 余等尾老
僧而往. 果見翠崖削瓜. 飛泉噴雪. 逍遙石上. 手撫孤松. 暝色蒼然. 乃
還僧舍. 名其潭曰漲雲. 有僧智正者. 慣踏山路. 招問其狀. 正曰. 自此

西行四里許有鳥道. 名曰觀音遷. 其西有石門. 石門內有食堂巖. 巖西有
山城. 雉堞宛然. 復行五里許. 乃有石峯突起. 勢摩九霄者凡三. 挾以雲
壁. 雪色嵯峨. 清流瀉其閒. 峯上有青鶴巢. 但石棧甚危. 一跌便落千仞
矣. 明朝. 余等輕服芒鞋. 策杖而出. 智正與虞人啓行. 山逕茅塞. 加以
落葉. 殊不可辨. 沿川履石. 極其艱險. 行未幾. 已見奇峯疊石. 氣象頓
異. 得一線路. 橫繞高岡. 攀木而登. 望見雲岑縹緲. 林壑窈冥. 奔流
戛玉. 乍隱乍現. 不知洞府之幽邃. 又隔幾許也. 虞人曰. 此是觀音遷第
一巖也. 峯回路斷. 碧崖當前. 緣崖腹而過. 下有深淵. 余與季獻匍匐僅
度. 大宥先往顧笑. 下岡乃至石門. 圓巖架于崖角. 巖下有竇. 僅可低頭
而入. 旣入石門. 境色尤奇. 怳然別一世界也. 四顧皆峭石山. 翠柏矮松
縫其罅隙兩屏之閒. 川源甚遠. 激而爲瀑. 晴雷振壑. 渟而作淵. 寒鏡絶
瑕. 泓澄瑩綠. 落葉不著. 回流曲曲. 石狀千變. 山陰樹影. 雜以嵐氣.
翳翳然不見日光矣. 散步白石. 玩弄晴漪. 欲選勝而未領其要. 移席者屢.
最後得一巖. 平廣有階級. 列坐其上. 設小酌. 仰見直西一峯. 最高異狀.
創名之曰矗雲峯. 巖名舊曰食堂. 改之曰祕仙. 名其洞曰天遊. 巖下之潭
曰鏡潭. 摠名其山曰靑鶴. 余等欲歷山城. 以訪鶴巢. 適有雨意. 恐山蹊
益惡. 悵然中止. 還尋歸路. 十步九顧. 余與大宥. 約繼淸游. 未至僧舍
五十餘步. 坐溪上盤陀石午飯. 出山至兔谷. 權愼謹仲携酒. 相候于路畔
層巖. 巖側垂瀑可丈餘. 觴于巖上. 名之曰醉仙巖. 乘夕還無盡亭. 噫.
自有天地. 便有此山. 天地之闢. 亦已久矣. 尙未名于世. 山城之築. 未
知何代. 想其經始者. 不過避亂之吏民而已. 若有幽人逸士. 一扣石門.
則豈無一言留於後耶. 抑雖有其人. 而世失其傳耶. 彼五臺頭陀等山. 譬
之於此. 風斯下矣. 猶且揚休播美. 觀者接武. 玆山乃藏光匿輝於重巒複
壑之中. 無人闖其封域. 況闥奧乎. 世人之知不知. 於山無所損益也. 顧

物理不當爾也. 一朝遇吾輩. 使後人知有此山. 斯亦有數焉耳. 又安知更
有靈境祕於塵外. 尤異於此山. 而吾輩亦未之知耶. 嗚呼. 世有遇不遇者.
獨山乎哉.

출전: 李珥, 『栗谷全書』, 「遊靑鶴山記」

12

유청평산기

遊清平山記

박장원朴長遠

박장원(朴長遠, 1612~1671): 자는 중구(仲久), 호는 구당(久堂)·습천(隰川), 본관은 고령(高靈)이다. 1636년 별시문과에 급제하였고 강원도관찰사(江原道觀察使)를 지냈다. 시호는 문효(文孝)이다.

해제解題

「유청평산기遊淸平山記」는 박장원朴長遠, 1612~1671의 『구당집久堂集』에 수록되어 있다. 박장원이 강원도 관찰사江原道觀察使로 부임한 후 계획을 세워 신묘년1651 8월 22일부터 이틀간 유람을 다녀온 기록이다. 두 아들 빈鑌과 전銓·이재중李載仲·이민채李敏采·생질甥姪 이제황李齊黃 등과 함께 청평산에 오르면서 지나쳤던 곳에 대해 기록해 두었다. 박장원은 많은 장소들 중 서천西川·영지影池·용담龍潭 세 곳을 기억하면서 청평산의 그 중후하고 기이한 경승에 감탄하기도 한다. 또한 예부터 이름난 이들이 청평산을 많이 찾는 이유를 깨닫는 모습도 나타난다.

국역國譯

춘주春州, 강원 춘천의 청평산淸平山[57]은 원래 '소봉래小蓬萊'라고 불리니, 관동의 이름난 산의 하나이다. 그러나 나라 안에서 이름을 드날리는 것이 어찌 한갓 산수가 아름답고 뛰어나서 그렇겠는가? 예부터 이름난 이들이 많이 머물렀기 때문이니, 고려 때 이자현李資玄[58]과 조선의 열경悅卿 김시습

---

57) 청평산(淸平山): 강원도 춘천시 북산면 청평리와 화천군 간동면 간척리에 사이에 위치한 산이다(고도:779m). 지금의 오봉산(五峯山)을 말하는데 『동국여지지도(東國輿地之圖)』, 『대동여지전도(大東輿地全圖)』, 『세종실록지리지(世宗實錄地理志)』, 『동국여지승람(東國輿地勝覽)』, 『산경표(山經表)』 등에서는 청평산으로 기록되어 있다.

58) 이자현(李資玄, 1061~1125): 자는 진정(眞靖), 호는 식암(息庵)·청평거사(淸平居士)·희이자(希夷子), 본관은 인주(仁州)이다. 1089년 과거에 급제하여 대악서승(大樂署丞)이 되었으나 관직을 버리고 춘천의 청평산(淸平山)에 들어가서 아버지가 세웠던 보현원(普賢院)을 문수원(文殊院)이라 고치고 암자를 지어 이곳에서 나물밥과 베옷으로 생활하며 선(禪)을 즐겼다. 시호는 진락(眞樂)이다.

金時習[59] 같은 이들이 앞뒤로 서로 이어 기록을 전하여, 그 고상한 덕과 뛰어난 시가 지금 들어도 흥을 일으키기에 충분하니, 이는 참으로 다른 산에서는 드문 것이다. 근래에는 퇴계 이황선생과 산국백사 이항복의 경우 암행어사로서 축융祝融의 시를 남기거나, 혹 참소로 나라를 떠나 마음껏 서호西湖를 유람하였으니, 이 두 분이 다닌 것도 반드시 산 때문이 아니라 사람 때문임을 알 수 있다. 내가 들은 것도 충분하지 않은 것은 아니지만 백 번 듣는 것이 한 번 보는 것만 못해서, 늘 한 번 산에 가려고 하였으나 방법이 없었다. 다행히 강원도관찰사江原道觀察使를 맡은 지도 이미 삼 년이 되었는데도, 많은 재물이 들어가지 않는 유람을 하지 않은 것은 늦추는 것이 아니라 기다리는 바가 있었기 때문이었다.

마침내 신묘년[1651] 8월 정묘[22일]에 수행원을 모두 물리치고 다만 술과 물통만 가지고 말 한 필과 아이 둘을 데리고 떠났으니, 실로 성가신 것은 떨쳐버리고 간소함만 취했다. 두 아들 빈鑌과 전銓, 탄복랑坦腹郞[60] 이재중李載仲 이민채李敏采와 생질 이제황李齊黃 등이 따랐는데 전과 제황은 아직 관례를 올리지 않았고, 피리 부는 일천一千도 따라왔다.

소양昭陽 나루를 건너 호현狐峴을 넘으면서 북쪽으로 한 마을을 가리켜 보았는데, 길과 거리가 몇 리쯤 되자 그곳이 진사 최홍기崔弘耆가 사는 곳인 줄 알게 되었다. 곧 사람을 보내 그를 불렀는데, 비록 사람은 소식蘇軾

---

59) 김시습(金時習, 1435~1493): 열경(悅卿)은 그의 자이다. 호는 매월당(梅月堂), 동봉(東峯), 법호는 설잠(雪岑), 본관은 강릉(江陵)이다. 1455년 수양대군(首陽大君)이 왕위를 찬탈하자 충격을 받고 승려가 되었다. 단종(端宗)의 폐위에 맞서 절의를 지킨 생육신(生六臣)의 한 사람으로 유학, 불교, 도교에 두루 조예가 깊었다.

60) 탄복랑(坦腹郞): '배를 드러낸 신랑감'이라는 뜻으로, 흔히 다른 사람의 사위를 칭하는 말로 쓰인다. 진(晉)나라 때 태위(太尉) 치감(郗鑒)이 왕도(王導)의 집안에서 사윗감을 고르려고 왕도의 집에 사람을 보냈는데, 다른 아이들은 모두 잘 보이려고 몸가짐을 단정히 하고 있었으나 왕희지(王羲之)만은 동상(東床)에서 배를 드러내 놓고 태연히 누워 음식을 먹고 있었으므로, 왕희지를 사위로 정했다는 고사가 있다.

이 아니고 땅도 담이儋耳[61]가 아니지만, 또한 어찌 노부 수재老符秀才[62]가 없 겠는가?

잔도棧道를 오르내리며 길을 찾아 골짜기로 들어가 냇가에서 잠시 쉬 었는데, 단풍 한두 그루가 붉게 물들어 있었다. 조금 뒤에 승복 입은 이 가 나를 쫓아왔는데, 보니 청평사淸平寺[63] 승려 충익忠益으로 평소 부중府中 으로 나를 방문하던 자이다. 기쁘게 그를 맞으며 "어디에서 오는가?"라고 물으니, "빈도貧道가 동촌東村에서 탁발하다가, 영공께서 입산하셨다는 말 을 듣고 급한 걸음으로 왔습니다"라고 하기에, 나를 안내하여 앞장서라고 하였다. 이리저리 돌아서 산기슭에 올라가니 점점 폭포소리가 귀에 들리 는데, 충익이 "용담龍潭이 가깝습니다"라고 하였다. 문득 잔도를 건너다가 "잔도를 건널 때는 애태웠더니, 골짝에 들어서니 그윽해지네[度棧已悄蒨 入谷轉森邃]"라는 시구를 얻었지만, 신경 쓰지 않고 글자만 늘어놓은 것 은 뜻이 시에 있지 않았기 때문이었다.

용담에 이르러 잠시 쉬었다. 못이 아래위로 나뉘어 있고 푸른 절벽이 깎아지른 듯하며 못가에는 곳곳에 첩첩이 쌓인 바위가 대臺를 이루어 10여 명이 앉을 수 있었다. 소나무 몇 그루가 구름을 뚫고 우뚝 서 있고 가을 꽃과 단풍이 좌우에서 용담에 얼비치니 곳곳마다 마음과 눈이 더할 나위 없이 유쾌했지만, 물이 말라 물소리가 거의 들리지 않는 것이 한스러웠다.

---

61) 사람은 …… 아니지만: 소식(蘇軾)이 남만(南蠻)에 귀양갔을 적에 지은 시 가운데 '뒷날 누군가 여지지를 짓는
다면 해남 만 리야말로 나의 고향이리라[他年誰作輿地志 海南萬里眞吾鄕]'라는 구절이 있다. 소식은 멀고
험악한 지역에 처했으면서도 자기 고향과 같이 여기면서 달관의 경지를 보여 준 것인데, 여기서는 최홍기가 초
야에 묻혀 초연하게 살아가는 것을 기리는 말이다.

62) 노부 수재(老符秀才): 늙은 수재(秀才) 부림(符林)을 말한다. 송나라 때 소식(蘇軾)이 일찍이 상사일(上巳日)에
술을 가지고 제생(諸生)들을 찾아갔는데, 모두 외출하고 유독 노부 수재(老符秀才)만이 있으므로, 그와 함께
취하도록 술을 마셨다는 데서 온 말인데, 부림은 대체로 안빈낙도하는 사람이었다고 한다.

63) 청평사(淸平寺): 강원도 춘천시 북산면 청평리 오봉산에 있는 절이다. 973년 승현선사(承玄禪師)가 창건하여
백암선원(白岩禪院)이라 했던 곳으로 1550년 보우(普雨)가 청평사라 개칭하였다. 현존하는 당우로는 보물 제
165호로 지정된 청평사회전문과 극락보전, 불각 1동이 있다.

청평사 승려 대여섯이 남여藍輿를 준비해 마중을 와서, 비로소 말을 버리고 가마를 타기도 하고 걷기도 하면서 영지影池[64]에 이르렀는데, 영지는 용담에서 떨어져 있고 그사이 대략 수백 걸음쯤 떨어진 곳에 환희령歡喜嶺이 있었다. 못 둘레가 수십 보인데 샘물이 수면 위로 퐁퐁 솟아나고, 북쪽은 돌로 만든 벽돌로 둘렀는데, 그 네모난 모양은 땅을 본뜬 것이었다. 못 가에 심어놓은 진귀한 나무는 한 아름이 넘었는데, 노승이 가리키면서, "이것은 나옹화상懶翁和尚이 손수 심은 것입니다"라고 하였다.

산 북쪽 봉우리 꼭대기에 있는 작은 암자가 영지에 거꾸로 비치는 것을 굽어보았는데, 창문이 밝게 빛났고 터럭 하나도 거울처럼 비춰볼 수 있었다. 그 봉우리와 암자 이름을 물으니, "부용봉芙蓉峰과 견성암見性菴입니다"라고 대답하였고, 또 본디 못 이름이 '영影'이 된 것은 암자의 승려가 금란가사金襴袈裟[65]를 입고 경쇠를 치며 예불할 때 못에 비치는 그림자가 가장 기이하기 때문이라고 하였다. 그리고 이 못의 물이 가뭄이나 장마에도 불거나 줄지 않는 것도 매우 기이하다고 하였다. 마침내 풀을 깔고 앉아 마른 등걸을 모으고 못물을 길어 차를 끓였는데, 김이 피어오를 때쯤 지는 해가 서쪽 봉우리에서 우리를 엿보고 있었다.

절에 도착하니 어둑하였다. 걸어서 법당에 올라가도 볼 것이 없어서 서쪽 선방에 이르러 쉬었는데 진사 최홍기가 그제야 왔다. 어린 승려를 양신암養神菴에 보내어 곡기를 끊은 노승 의천義天[66]은 잘 있는지 물으니, 의

---

64) 영지(影池): 영지가 포함된 고려선원(高麗禪園)은 973년(광종 24)에 백암선원(白巖禪院)이 창건된 이후, 1068년(문종 22)에 이의(李顗)가 중건하면서 보현원(普賢院)으로 명칭이 바뀌었는데 지금까지 밝혀진 정원 중에서 가장 오래된 것으로, 일본 경도(京都)의 사이호사(西芳寺) 고산수식(枯山水式) 정원보다 200여 년 앞선 것으로 밝혀졌다.

65) 금란가사(金襴袈裟): '襴'은 일반적으로 '襴'으로 쓴다. 금실로 짠 가사를 말하며, 금란의(金襴衣)·금루가사(金縷袈裟)라고도 한다.

66) 의천(義天, 1603~1690): 성은 문씨(文氏), 자는 지경(智鏡), 호는 환적(幻寂), 본관은 선산(善山)이다. 11세에 출가하여 21세에 청량산(清凉山)으로 들어가서 수도하였다. 이때 솔잎과 솔방울을 먹으면서 일체의 곡식을 먹지

천이 곧 털모자와 펑퍼짐한 옷을 입고 허겁지겁 내려왔다. 마주 자리 잡고 앉아 현묘한 이야기를 주고받으니 들을수록 들을 만하였다. 듣자니 그의 선친은 본래 일선一善. 경북 선산의 유생으로 성대곡成大谷[67] 집안의 사위인데 대곡에게 배웠고, 대곡이 죽자 손수 제문을 지어 제사를 지냈는데, 그 글이 지금도 책 상자 속에 있다고 하였다. 대곡이 살던 종산鍾山. 충북 보은의 풍치를 잘 말하였는데, 또한 교감하기에 충분했다. 훤칠한 모습과 사람을 찌르는 눈빛을 보니, 범상한 승려가 아닌 것 같았지만, 결국 고요히 참선하는 승려는 아닌 듯하였다.

밤은 점점 깊어가고 외로운 등잔불만 깜박이는데 창이 깊은 계곡에 가까이 있어 소나무와 회나무 그늘에 덮이고 때때로 들리는 물레방아 소리는 온 숲에 내리는 빗소리 같았다. 황태사黃太史[68]의 "밤 창가에 물소리 비바람 치듯하네[水作夜窓風雨來]"라는 시구는 반드시 이러한 경지를 겪어보고 쓴 것이리라. 잠깐 사이에 달이 떠오르고 의천도 돌아가 나도 베개를 베고 누워서 저들이 지팡이를 날리며[69] 표연히 떠돌 것을 생각해보니 서글퍼졌다.

아침에 일어나자 비가 왔는데, 무진23일이다. 혹 귀로에 말 타기가 곤란할까봐 염려스러워 급히 고을 아전더러 배를 끌고 와서 대기하라고 하였다. 흰 구름이 뭉게뭉게 비를 몰고 단풍 든 나무 사이에서 변하거나 사라

않았으며, 그 뒤 31년 동안 생식을 계속하였다.

67) 성대곡(成大谷, 1497~1579): 대곡은 성운(成運)의 호이다. 자는 건숙(健叔), 본관은 창녕(昌寧)이다. 1531년 진사에 입격, 1545년에 그의 형이 을사사화(乙巳士禍)로 화를 입자 보은 속리산(俗離山)에 은거하였다. 서경덕(徐敬德)·조식(曺植)·이지함(李之菡) 등과 교유하며 학문에 정진하였다. 저서로는 『대곡집(大谷集)』 3권 1책이 있다.

68) 황태사(黃太史): 송나라 때 문인인 황정견(黃庭堅, 1045~1105)이다. 자는 노직(魯直), 호는 부옹(涪翁), 산곡노인(山谷老人)이다. 진사에 뽑혀 기거사인(起居舍人)을 지냈고 철종(哲宗) 때 소성(紹聖) 초인 1094년 무렵 좌천되었다가, 휘종(徽宗) 1년에 소환되어 태평주지사(太平州知事)가 되었는데 또 제명되어 의주(宜州)로 옮겼다가 사망했다. 시에 뛰어나 소식 문하의 6군자의 첫째로 소식과 나란히 '소황(蘇黃)'이라 불렸다. 글씨도 잘 써 해법(楷法)은 일가를 이루었고 문집에 『예장집(豫章集)』 30권, 『별집(別集)』 14권 등이 있다.

69) 지팡이를 날리면서[飛錫]: 지팡이를 날린다는 것은 승려가 사방으로 떠다니는 것을 말한다.

지는 것을 앉아서 바라보면서 조화옹이 나를 후대함을 또한 알 것 같았다. 조금 뒤에 비가 개어 극락전으로 찾아갔는데, 이곳이야말로 요사스런 중 보우普雨가 세운 것이었다. 절의 주춧돌은 온갖 기교를 다하여 진실로 처음 보는 것이었는데, 이 극락전에 이렇게 사치스럽고 화려하게 단청을 입히느라 재력이 한없이 소비되었을 것이니, 저 보우를 어떻게 죽여야 시원할까? 당시의 부처를 섬기는 것이 이런 지경에 이른 것이 애석하였다.

냇물이 서쪽에 있고 너럭바위가 가로 놓여 있는데 위아래가 거의 1리가량이고, 세차게 쏟아지는 폭포소리가 거문고 소리 같아 듣자니 아낄 만했다. 승려가 "여름에 비가 내려 물이 많아지면, 모습은 뭇 용이 노하여 싸우는 듯하고, 그 소리는 바람과 우레가 서로 부딪치는 것 같으며, 벼랑과 골짝이 진동하여 숲의 나무도 물살을 따라 쓸려나가, 폭포 가에서 두려워하며 혼이 빠지지 않을 자가 드무니, 이때가 가장 볼 만한데 사또께서 너무 늦게 오셨다는 안타까움이 없지 않습니다"라고 하였다.

시내에는 널다리가 있었으나 바짓가랑이를 걷고 맨발로 건넜다. 서쪽에 돌로 쌓은 단이 있고, 그곳에 독송獨松이 있어서 앉아 있는 사람을 덮어주는데 가지가 고르게 퍼져서 그 모양이 수레 덮개 같았다. 승려가 나에게 북쪽 구름 끝 봉우리 몇 개를 가리키며, 경운봉慶雲峰과 부용봉芙蓉峰, 그리고 향로봉香爐峰이라고 하였다. 줄지어 늘어선 바위 모양은 기이하고 가팔라서 일찍이 이곳 서천西川이 온 산에서 가장 빼어난 곳이라고 들었는데, 헛된 말이 아니었다.

잠시 뒤에 이미 저녁밥을 차려놓았다고 아뢰어서, 돌아올 때 두 비석을 찾아가 보았는데, 비석은 원해문圓解門 앞에 동서로 마주보고 서 있었다. 하나는 검은빛이고 다른 것은 흰빛인데, 흰 것이 검은 것보다 질이 떨어졌고, 검은 것은 빛깔이 반들반들하여 지금까지 이끼가 끼거나 파인 곳이 없었으니 참으로 기이한 돌이었다. 검은 것은 건염建炎[70] 연간에 세워졌는데 승려 탄연坦然[71]의 공적비이고, 흰 것[72]은 원나라 태정泰定[73] 연간에 세운 것인데, 구관具官[74] 이군해李君俀[75]가 전액篆額을 쓰고, 머리글은 구관 이제현李齊賢[76]이 지었다. 내가 빗돌을 어루만지며 비문을 읽었지만 바빠서 다 읽지 못했으니, 이는 아쉽고 더욱 아쉬운 일이었다. 비석에서 남쪽으로 몇 리쯤에 서향원瑞香院 옛 터가 있었는데, 바로 동봉東峯 김시습이 살던 곳이었지만 등나무와 잡초만 우거져서 다시 찾을 만한 곳이 아니었다.

밥을 먹고 시내를 따라 4, 5리쯤 올라 식암息菴에 이르렀다. 암자가 벼랑 끝에 걸려 있었는데, 아래를 굽어보아도 몇 길인지 알 수 없고 사람으로 하여금 어질어질하게 하였다. 방은 좁아 두세 사람만 들일 수 있었고, 내가 괜찮게 여기는 승려 문옥文玉이라는 자가 살고 있었는데, 내가 찾아온 것을 기뻐하며 수박을 권했다. 암자 근처 서쪽 모퉁이는 절벽이 안듯이 서 있었고 석면에 '선동식암仙洞息菴'이라는 4글자가 새겨져 있었는데, 누구는 김시습이 쓴 글씨라고 하고 누구는 이자현李資玄이 쓴 글씨라고 하지만

---

70) 건염(建炎): 남송(南宋) 고종(高宗)의 첫 번째 연호로 1127~1130년의 4년간 사용되었다.

71) 탄연(坦然, 1069~1158): 고려의 승려이다. 속성은 손(孫), 호는 묵암(默庵), 본관은 밀양(密陽)이다. 15세에 명경생(明經生)에 합격하고 1146년 왕사(王師)에 임명되었다. 시격(詩格)이 또한 고상하고 글씨는 구양순(歐陽詢)의 체를 본받았다. 춘천(春川)의 문주원비(文珠院碑), 예천(醴泉)의 북룡사비(北龍寺碑), 삼각산 승가굴중수비(僧伽窟重修碑) 등을 썼다. 시호는 대감(大鑑)이다.

72) 흰 것: 강원도 춘천시 북산면 청평리 문수사(文殊寺)에 있었던 고려시대의 장경비(藏經碑)이다. 원나라 태정제(泰定帝)의 즉위 시 김이 등이 원나라에서 가지고 온 불서를 1327년 문수사에 보관한 사실을 기념하고 원나라 황태자와 황자의 탄신을 기복하고자 세운 비이다. 비는 일찍이 파손되어 없어졌다.

73) 태정(泰定): 원나라 진종(晉宗)의 연호이며 고려 충숙왕 11(1324)~14년(1327)에 해당된다.

74) 구관(具官): 본래 관리의 인원수를 채워 갖춘다는 뜻인데, 당송(唐宋) 시대 이후로는 문장을 지을 때 구체적인 직명(職名)을 쓰는 것을 생략하고, 단지 구관이라고 쓰는 예가 생겨났다.

75) 이군해(李君俀, 1297~1364): 자는 고운(古雲), 호는 행촌(杏村), 본관은 고성(固城)이다. 이름을 이암(李嵒)으로 고쳤다. 당대의 명필로 뒤에 암(嵒)으로 이름을 바꿨다. 비문에 쓴 글씨는 행서로 고려 말에 유행하던 원나라 조맹부(趙孟頫)의 필법이 잘 나타나 있다.

76) 이제현(李齊賢, 1287~1367): 초명은 지공(之公), 자는 중사(仲思), 호는 익재(益齋)·역옹(櫟翁), 본관은 경주(慶州)이다. 1301년 성균시에 1등으로 합격하였다. 성리학의 수용·발전에 매우 중요한 구실을 하였다. 그의 저술로 현존하는 것은 『익재난고(益齋亂藁)』 10권과 『역옹패설』 2권이다. 경주의 구강서원(龜岡書院)과 금천(金川)의 도산서원(道山書院)에 제향되었다. 공민왕(恭愍王) 묘정에 배향되었으며, 시호는 문충(文忠)이다.

식별할 수 있는 사람이 없었다. 아들 빈에게 새겨놓은 네 글자에서 조금 서쪽에 동행한 이들의 성명을 쓰게 하였다. 최 진사는 일찍이 실컷 본 것이라고 일부러 뒤처졌다. 곧이어 식암 뒤 석대에 오르니, 석대가 암자 지붕에 닿았고 기왓골이 석대 아래에 있었는데, 멀리 동남쪽 수십 리에 걸친 산봉우리가 다 보였다.

서북쪽으로 몇 걸음을 거리에 나한전羅漢殿이 있고, 그 앞에서 몇 걸음을 가니 골짜기가 그윽하게 감추어져 있었는데, 희이자希夷子 이자현이 편안하게 거처했다는 고니 알 같은 암자77) 터가 아직도 남아 있었다. 조금 앞 바위 위에는 네모나게 파놓은 홈이 두 개 있었는데 희이자가 손발을 씻던 곳으로 전해진다고 했다. 나무에 물고기 꿰듯 줄지어 내려오면서 보니 길가의 바위 표면에 '청평선동淸平仙洞' 4자를 새겨놓았는데, 글씨체는 '선동식암仙洞息菴' 글자와 서체가 같았다.

두루 다닌 이틀 동안 더욱 잊히지 않는 것은 서천, 영지, 용담 세 곳이다. 돌아오는 길은 전적으로 발에 맡긴 채, 서성거리며 돌아갈 것을 잊어버려서, 산을 나설 때가 저물녘이라는 것도 깨닫지 못했다. 잔도를 지나 마중 나온 아전이 지강枝江에 배를 대는 것을 기다렸다. 물에 비친 해는 물결에 누웠고 바람 부는 여울은 술을 깨우는데, 술을 가져오라고 해도 술이 다 떨어지고 안주도 다 비어서, 배 안에 서로 베고 누운 것은 고인古人78)의 일과 같았지만, 나는 부질없이 노를 저어 내려와 호현 가까이에 정박하였다. 말을 타고 돌아오는데 소치는 마을과 봉새 깃든 산들이 저녁

---

77) 고니 …… 암자: 이자현(李資玄)이 살았던 초암(草菴)을 말한다. 『신증동국여지승람(新增東國輿地勝覽)』 권46 춘천조(春川條)에 "고려 이자현이 문수사 골짜기 그윽한 곳에 식암을 짓고 살았는데, 둥글기가 고니 알 같고 겨우 두 무릎을 세울 만하였다[作息菴 團圓如鵠卵]"고 하였으며, 그의 시도 함께 수록하여 소개하고 있다.

78) 고인(古人): 북송(北宋) 시대 소식(蘇軾)을 말한다. 그가 지은 「전적벽부(前赤壁賦)」에, "잔과 쟁반이 어지러운데/서로 베고 깔고서 배 안에 잠이 들어/동쪽이 훤한 줄을 알지도 못하였네[盃盤狼藉 相與枕藉乎舟中 不知 東方之旣白]"라는 구절이 있다.

짓는 연기 속에 10리나 이어지고, 나룻가에 줄지어 늘어선 횃불이 점점이 물속에 잠겨 있었다. 집으로 돌아와 옷을 벗으니, 밤은 이미 10시였다.

이번 여행은, 피리 부는 자는 피리를 불고 술꾼은 술을 마셔 즐거움을 삼게 하였으나, 피리는 때로 셋이서만 불고 술은 번번이 몇 잔만 마시다가 그쳐서 특별한 즐거움에 이르지 못한 것은 내 뜻이 또한 술이나 음악에 있지 않았기 때문이다. 나라 안의 명산은 내가 본 것이 많지만, 읍한 듯이 둘러싸 조금도 비거나 이지러짐이 없고, 모습이 중후하고 기색이 빼어난 것은 이 산만한 것이 없었으니, 예부터 기인畸人이나 현사가 아끼고 버리지 않았기 때문일 것이다. 또한 대체로 관동은 땅이 차서 남쪽 식물에는 맞지 않는데, 감나무 두 그루가 절집에 심어져 가지와 잎이 번성하여 감이 익은 것을 보았다. 이것은 비록 생략할 만한 것이지만, 또한 기록하지 않을 수 없어서 기록하였다.

이틀 뒤 기사일에 구옹久翁이 기록하다.

원문原文

春州之淸平. 素稱小蓬萊. 蓋亦關東之一名山也. 然其擅名於國中者. 豈徒以山水之瑰奇已哉. 自古多爲聞人之所盤旋. 在麗有若李資玄. 在我朝有若金悅卿. 前後相望於傳記. 其高風逸韻. 至今聞者. 猶足以興起. 則此固他山之所稀有也. 近世退陶李先生及白沙李相國. 或以繡衣持斧. 留祝融之吟. 或以遭讒去國. 縱西湖之遊. 玆二公之所探歷. 必皆不以山而以人. 亦可想矣. 余以所聞. 亦非不足. 而百聞不如一見. 常欲足一及山而無繇也. 幸守玆土. 已及三年. 而顧未能爲百錢之遊者. 非緩也. 蓋有

待也. 遂於辛卯八月丁卯. 悉屏旗隼. 只提壺榼. 一馬二童以行. 實厭煩而取約也. 二子鑌銓及坦腹郎李敏采載仲. 姊子李齊黃從焉. 銓與齊黃. 乃未冠者. 笛工名一千者亦隨焉. 渡昭陽津. 踰狐峴. 北指一村. 距道傍數里許. 知是進士崔弘眘所居. 卽遣人招之. 雖人非蘇子. 地非儋耳. 亦豈無老符秀才也. 行過起落棧. 取路入洞. 小憩川邊. 楓葉或有一株兩株赤者. 後有一衲子追我而至者. 視之乃淸平寺僧忠益. 常所訪我於府中者也. 喜其來. 問自何來. 則云貧道乞米於東村. 傳聞令公入山. 急步而至矣. 乃命引我而前. 邐迤登麓. 漸覺瀑響來耳. 僧云龍潭近矣. 忽得度棧已悄蒨. 入谷轉森邃之句. 而亦不費安排. 意不在詩也. 及潭又少歇鞍. 潭有上下. 靑壁劖削. 潭傍各帖石爲臺. 臺可坐十許人. 有松數株. 儼立干雲. 秋花錦葉. 左右映帶. 已極愉快心目. 所恨水涸而聲低也. 寺僧五六人. 備籃輿來迎. 始捨馬. 或擔或步. 至影池. 池距龍潭. 其間有歡喜嶺. 約數百步許. 池周數十步. 泉涌池面. 北邊繚以石甃. 其方象地. 池邊雜植珍木. 皆可百圍. 老僧指以言曰. 此懶翁手植云. 俯見山北一峯. 峯頂小菴. 倒影於水底. 戶牖粲然. 毛髮可鑑. 問其峯與菴之名. 則曰芙蓉也見性也. 又云菴僧披金襴袈裟. 鳴磬禮金仙時. 其影最奇. 池名得影. 本爲此云. 且此池水曾不加損於旱潦. 尤可異云. 仍藉草而坐. 拾枯查汲池水煮茶. 茶煙起時. 落日已窺西峯矣. 到寺曛黑. 步上法堂. 無所見. 回抵西邊禪房歇泊. 崔生始來矣. 仍送小沙彌於養神菴. 問休糧長老義天無恙. 天也便以氈巾方袍. 顚倒而來. 相與坐定. 談玄說妙. 亹亹可聽. 聽其先故. 本一善儒士. 爲成大谷族壻. 甚習於大谷. 大谷歿而手爲文以祭之. 其文至今在於巾笥中云. 頗說大谷所居鍾山風致. 亦足以相感也. 觀其肖貌軒然. 目光射人. 似非常僧. 而然亦終是動底意思多也. 時夜將半. 孤燭明滅. 窓臨絶澗. 松檜交陰. 時聞水碓之聲. 認爲滿林之雨. 黃

太史詩所謂水作夜窓風雨來者. 必是先占此境界而發也. 須臾月出. 天已
辭歸. 余亦就枕. 暗想飛錫飄然. 爲之一悵. 朝起値雨. 日則戊辰. 或
慮歸路難於騎馬. 急令州吏拏舟來待. 坐見. 白雲陣陣拖雨. 變滅於錦樹
之間. 亦知天公餉我多矣. 俄而少霽. 尋向極樂殿去. 殿是妖僧普雨所創
也. 寺中柱礎之窮極奇巧. 固亦創見. 而至於此殿之奢麗. 金碧朱漆. 費
了無限財力. 彼普雨何足誅. 可惜當時事佛之至此也. 有川在西. 盤石橫
亙. 上下幾一里. 飛流激射. 聲如琴筑. 聽之可愛. 僧云暑雨水盛則形如
群龍鬪怒. 聲如風雷噴薄. 崖谷爲之震動. 林木隨以披靡. 臨之者鮮不凜
然失魄. 此時最爲壯觀. 而明府之來. 不無後時之歎矣. 跨川以板. 跣揭
以渡. 則西有石壇. 壇有獨松. 庇覆坐人. 四面均停. 狀如車蓋. 僧向余
北指雲表數峯曰. 慶雲芙蓉香爐. 羅列呈露. 石狀奇峭. 曾聞西川爲一山
肯綮. 今不虛矣. 俄告晚飯已具. 歸時歷尋兩碑. 碑在圓解門前. 東西對
峙. 一則黑色. 一則白. 白者品不及黑. 黑者色滑. 至今無苔蘚蝕處. 眞
異石也. 黑則建炎建而僧坦然蹟. 白是元泰定所立. 而具官李君俟所書篆.
而首書具官李齊賢撰. 爲之摩挲. 忙未盡讀. 此爲欠事. 尤可欠者. 自碑
南去幾里許. 有瑞香院舊基. 乃是東峯所住. 而藤卉莽蒼. 無復可尋. 飯
訖循谿而上四五里. 抵息菴. 菴屋掛在崖頂. 俯視不辨尋丈. 使人眩悸.
房室劣容兩三人. 吾所善釋子文玉者居之. 喜余過. 餽以西瓜. 近菴西隅.
崖石擁立. 石面刻仙洞息菴四字. 或云金筆或云李筆. 無能辨識者. 令鑱
於四字少西. 題同行姓名. 崔生以曾所厭觀故後. 仍陟菴後石臺. 臺連菴
瓦. 瓦縫在下. 遠視東南峯巒盡數十里. 西北數步有羅漢殿. 殿前又數步.
其谷窈然而藏. 有希夷子所安鵠卵之室遺址猶存. 少前石上. 有鑿而方者
二. 所傳以爲希夷濯手足處云. 魚貫而下. 路傍石面. 又有清平仙洞刻四
字. 字體與仙洞息菴字等. 周行兩箇日. 尤所未忘者. 西川影池龍潭三處.

歸路一任足胝. 徘徊忘歸. 不覺出蘿之晚暮也. 過棧. 候吏艤船於枝江.
江日臥波. 風湍醒酒. 呼酒酒盡. 肴核且傾. 舟中枕藉. 古人之事. 但鼓
枻而下. 近泊狐峴. 策馬而歸. 牛村鳳嶽. 暝煙十里. 津頭列炬. 點點蘸
水. 而歸舍解衣. 夜已二鼓矣. 是行也. 當使笛者笛酒者酒以取樂. 而笛
則時或三奏. 酒輒數行而止. 不至於奇樂者. 意亦不在酒不在絃管也. 國
內名山. 吾見多矣. 拱揖環抱. 無少空缺. 形容蘊藉. 氣色秀異. 未有若
此山者也. 此古來畸人賢士之所以愛而不捨也歟. 且夫東峽地寒. 不宜南
物. 而枾木兩株. 植在寺中. 柯葉繁茂. 至見結子. 此雖可略. 亦不可不
記云. 越明日己巳. 久翁記.

출전: 朴長遠, 『久堂集』, 「遊淸平山記」

13

오대산기

五臺山記

송광연宋光淵

송광연(宋光淵, 1638~1695): 자는 도심(道深), 호는 범허정(泛虛亭), 본관은 여산(礪山)이다. 1666년(현종 7) 별시문
과에 병과로 급제하고, 세자시강원주서(世子侍講院注書)·홍문관교리(弘文館校理)·이조참판(吏曹參判) 등을 역
임하였다. 저서로는 『범허정집(泛虛亭集)』이 있다.

해제解題

　「오대산기五臺山記」는 송광연宋光淵, 1638~1695의 『범허정집泛虛亭集』에 수록되어 있다. 병신년1676 가을에 오대산에 올라 월정사月精寺·중대中臺·상원사上元寺·오대산사고五臺山史庫를 둘러보고 내려와서 기록한 것이다. 월정사와 상원사에 모습을 상세하게 기록하면서 더불어 그곳에서 볼 수 있는 주변 산천 형세의 대략에 대해서도 함께 기술하고 있다.

국역國譯

　9월 7일 병술, 맑다가 저녁에 부슬비가 내렸다. 아침 먹을 즈음 진부역珍富驛에서 월정사月精寺로 들어갔는데 거의 30리였다. 골짜기 어귀의 사미대沙彌臺와 금강연金剛淵은 모두 아름다운 곳인데, 금강연이 가장 빼어났다. 너럭바위는 갈아놓은 듯하고 은빛 폭포가 옆으로 흐르는데, 말에서 내려 이리저리 서성이는 가운데 속된 생각이 모두 사라졌다. 얼마 되지 않아서 월정사 승려 무리가 남여藍輿를 가지고 마중하러 나왔는데, 그중에 경열慶悅, 운제雲際가 바라지하러 나섰다.

　월정사는 동대東臺 아래에 있는데, 골짜기 입구는 깊고 그윽하며 산과 물이 감싸 안고 있었다. 겹겹의 건물들은 화려한 단청을 새로 입혔는데, 진실로 관동關東의 큰 사찰이었다. 칠불보전七佛寶殿에는 7구의 금불상이 있고, 그 밖에 시왕전十王殿 나한당羅漢堂 등 건물이 너무 많아 일일이 기록할 수도 없었다. 건물은 모두 신라 때 창건하였는데, 더할 나위 없이 화려해서 당시의 풍족한 살림살이를 상상할 수 있었고, 1,100여 년이 지나도록 무너진 곳이 조금도 없으니, 건물의 아름다움 또한 알 수 있었다.

월정사 안에는 세조世祖 임금께서 몸소 거동하실 때의 도량금첩道場錦帖이 있는데, 모시고 따라갔던 신하들의 인명록에는 6대조 여산군礪山君79)의 서명도 있었다. 손을 씻고 받들어 살펴보니 당시 일들이 눈앞에 펼쳐지는 듯했다. 또 비해당匪懈堂80)의 친필 병풍이 있었는데, 7폭은 무뢰배들이 훔쳐가고 진품은 다만 3폭뿐이어서 참으로 가슴 아팠다.

승려가, 지금은 날씨가 맑아서 대에 오르기 좋은데, 얼마 지나지 않아서 비가 올 징후가 있다고 해서, 남여藍輿를 재촉하여 곧바로 중대中臺로 향했다. 시내를 따라 십수 리를 가서 신성굴神聖窟에 도착했는데, 한 층으로 된 암석이 시냇가에 우뚝 솟아 있고 암석 아래에 작은 굴이 있었다. 굴 옆에 새로 지은 1칸으로 된 정사精舍에는 자호自號가 환적당幻寂堂인 수좌승首座僧 의천義天81)이 살고 있었는데, 조용히 앉아 수도하는 모습이 의연하였다. 환적당은 나이가 일흔 넷인데도 얼굴이 맑고 환한 것은 소싯적부터 항상 솔잎을 먹은 것이 많은 도움이 되었다고 하였고, 스스로 집은 선산善山이고 이백종李百宗 등과 친하다고 하였다. 여러 승려들도 모두 환적당은 본래 선산의 이름난 집안 출신으로 출가하여 승려가 되었고, 지조와 행실이 뭇 승려들과는 매우 다르다고 하였다. 문도門徒가 많아서 불사佛事

---

79) 여산군(礪山君): 조선 전기 무신으로 본관이 여산(礪山)인 송익손(宋益孫, 미상~1482)을 가리킨다. 송익손은 수양대군(首陽大君, 뒤에 세조世祖)이 단종의 보좌세력인 황보인(皇甫仁)·김종서(金宗瑞) 등을 제거하는 계유정난(癸酉靖難) 때 공으로 정난공신(靖難功臣) 3등에 책정되었다. 1463년 여산군(礪山君)에 봉해졌으며, 시호는 양목(襄牧)이다.

80) 비해당(匪懈堂): 조선 전기 4대 서예가 중의 한명인 안평대군(安平大君, 1418~1453)을 가리킨다. 안평대군은 세종(世宗)의 셋째 아들로 이름은 용(瑢), 자는 청지(清之), 호는 비해당(匪懈堂)·낭간거사(琅玕居士)·매죽헌(梅竹軒)이다. 황보인(皇甫仁)·김종서(金宗瑞) 등과 함께 형인 수양대군(首陽大君)에 맞서다가 계유정난(癸酉靖難)으로 강화도로 귀양 갔다가 교동(喬桐)으로 옮겨져 사사되었다. 1747년(영조 23년) 영의정(領議政) 김재로(金在魯)의 상소로 복관되었다. 시호는 장소(章昭)이다.

81) 의천(義天, 1603~1690): 자는 지경(智鏡)이이고, 속성은 문씨(文氏)로 선산(善山)에서 태어났다. 11세에 속리산 복천사(福泉寺)의 탁린(琢璘)의 문하에 들어가 1618년(광해군 10)에 구족계를 받았고, 1631년에 금강산에 들어가 휴정(休靜, 서산대사)의 제자인 언기(彦機)의 법을 이어 받았다.

를 일으키면 쉽게 이루어져 오대산에 여러 암자를 지었는데, 진여원眞如院 과 신성굴이 가장 유명하며, 신성굴 아래에도 옛 암자 터가 있는데, 바로 신라 왕자 정신淨神[82]이 수도하던 곳으로, 지금 막 문도들을 시켜 암자를 하나 짓고 있는 중이었다.

또 십여 리를 가서 화엄암華嚴庵에 도착했는데, 이곳은 신라 성덕왕聖德 王 효명孝明이 불문佛門에 있을 때 거처하던 곳이다. 또 환적당幻寂堂과 진여 원을 보았는데, 의천이 진여원을 중건하면서 진여원 아래에 암자를 짓고 자신의 호인 '환적당'을 편액한 것으로, 수좌승 주계珠戒가 살고 있었다. 얼 마 후 상원사上元寺에 도착하였는데, 절이 중대中臺에서 뻗어 나온 중심 용 맥에 자리 잡고 있었다. 건물들이 매우 웅장하고 화려한 것은 성화成化 연 간에 내탕고內帑庫의 재물을 내어 나라의 원당願堂으로 지은 것이기 때문이 다. 종각鐘閣에는 괴애乖崖[83)와 백헌白軒[84) 두 재상의 글이 있다. 절에는 의

---

82) 정신(淨神): 삼국유사(三國遺事)에 648년 8월, 정신대왕(淨神大王)의 두 태자 보천(寶川)과 효명(孝明)이 오대 산에 들어갔다고 하였는데, 효명이 성덕왕(聖德王)이므로 정신은 성덕왕의 아버지인 신문왕(神文王)으로 추정 된다.

83) 괴애(乖崖): 김수온(金守溫, 1409~1481)의 호이다. 김수온의 자는 문량(文良), 본관은 영동(永同)이다. 세종(世 宗) 20년(1438)에 진사가 되고, 세종 23년에 식년문과(式年文科)에 급제하여 교서관정자(校書館正字)로 집현 전(集賢殿)에서 치평요람(治平要覽)을 편찬하였으며, 한성부윤(漢城府尹), 판중추부사(判中樞府事)를 역임하 였다. 성종(成宗) 2년(1471)에는 좌리공신(佐理功臣)에 책록되어 영산부원군(永山府院君)에 봉해지고, 영중추 부사(領中樞府事)에 이르렀다. 학문과 문장이 뛰어나 서거정(徐居正), 강희맹(姜希孟) 등과 문명을 다투었으며, 사서오경의 구결을 정하고 명황계감(明皇誡鑑)을 국역하는 등 국어 발전에 공이 컸다. 또한 고승(高僧) 신미(信 眉)의 동생으로 불교에 조예가 깊어 불교를 숭상한 세종, 세조(世祖)를 도와 불경(佛經)의 국역과 간행에도 공 이 컸다. 저서로『식우집(拭疣集)』이 있고, 시호는 문평(文平)이다.

84) 백헌(白軒): 이경석(李景奭, 1595~1671)의 호이다. 이경석의 자는 상보(尙輔), 호는 백헌(白軒), 본관은 전주(全 州)이다. 김장생(金長生)의 문인으로서 1617년(광해군 8) 증광별시에 급제하였으나 이듬해 인목대비(仁穆大妃) 의 폐비상소에 참여하지 않아 삭과(削科)되었다. 인조반정 이후 알성문과에 급제, 승문원부정자(承文院副正 字)가 되었고, 그 뒤 대제학(大提學)·이조판서(吏曹判書)·우의정(右議政)·좌의정(左議政)을 거쳐 영의정(領議 政)에 올랐다. 49년 효종(孝宗)이 즉위한 후 북벌계획을 추진했는데, 김자점(金自點) 일파가 이 사실을 청(清) 나라에 밀고하여 사문사(査問事)가 왔다. 이때 그는 끝까지 모든 것을 자신의 책임으로 돌려 조정의 위기를 넘 기고 자신은 백마산성(白馬山城)에 감금당하였다. 51년 석방되었으나 청나라의 압력으로 기용되지 못하다가 59년 영돈녕부사(領敦寧府事)에 오른 후 기로소(耆老所)에 들어갔다. 68년(현종 9) 궤장(几杖)을 하사받았다. 문장과 글씨에 뛰어났으며 저서에『백헌집(白軒集)』등이 있고, 남원(南原)의 방산서원(方山書院)에 배향되었 으며, 시호는 문충(文忠)이다.

규義珪·삼인三印·성허性虛라는 세 수좌가 있는데, 삼인은 마침 하산하였고 성허는 나이가 서른 남짓한데 자못 총명하고 도리를 알아서 겨우 얘기를 나눌 만하였다.

잠깐 쉬었다가 중대中臺에 올랐는데, 남여藍輿가 갈수 없어 산기슭을 걸어가자니 다리 힘이 다 빠져 다시 한 계단도 오를 수 없어서 승려 중에 기운 센 자가 나를 업고 겨우 올라갔다. 적멸보궁寂滅寶宮에 앉으니 오대산 모습이 눈 아래 뚜렷하고 태백太白과 소백小白 두 산도 손끝을 따라 구름 사이로 아득히 보였는데, 눈길을 돌려 마음을 터놓으니 황홀하게 속세를 떠난 운치가 있었다. 잠시 후 비가 내릴듯하다가 눈발이 흩날려 넋을 놓고 바라보다 산을 내려와 상원사로 돌아와서 묵었다.

천지조화의 오묘함을 글로서는 표현함에 어려움이 있지만 중대를 중심으로 모여들고 펼쳐진 산천의 형세를 말하면, 설악산雪嶽山 한 줄기가 남쪽으로 치달리다 바다에 이르러 명주溟州 서쪽에서 우뚝 치솟아 비로봉毗盧峰이 되었고, 비로봉 중심 맥이 뻗어 나와 자리를 잡은 것이 중대가 되었으니, 그래서 이름이 지로대智爐臺이다. 중대 위에 적멸보궁이 있는데, 승려들이 이곳은 아무 때나 와서 정성껏 제향을 하면 오대산의 여러 부처들이 그때마다 영험을 주는 곳이라고 하였다.

중대 아래 산의 기운이 뭉친 곳에 상원사가 있고, 절 아래가 진여원·환적당·화엄암이다. 적멸보궁 오른쪽은 금몽암金夢庵인데, 수좌승 자언自彦이 살며 적멸보궁에 모셔진 부처의 진신사리眞身舍利를 모시는 임무를 맡고 있었다. 금몽암 아래는 사자암獅子庵인데 승려도 없이 곧 폐허가 될 지경이어서 매우 안타까웠다. 비로봉에서 왼쪽으로 도는 산줄기가 북대北臺가 되는데 그 이름이 상왕대象王臺이고, 아래에 있는 고운암孤雲庵에는 수좌승 성영性英이 살고 있었다. 고운암 아래에 있는 상두암象頭庵, 자시암慈施庵에는 수좌승 육화六和가 살고 있고, 그 아래는 신성굴神聖窟이며, 신성굴 아래는 정신淨神이 머물던 옛터였다.

북대에서 동쪽으로 치달린 산줄기가 동대東臺가 되는데 그 이름은 만월대滿月臺이고, 아래에 있는 동관음암東觀音庵에는 수좌승 종택宗擇이 살고 있었다. 동대에서 남쪽으로 이어지는 산줄기에 지어진 것이 월정사이고, 월정사 아래 종봉암鍾峰庵에는 수좌승 도영道英이 살고 있었다. 비로봉에서 왼쪽으로 돌아간 산줄기가 서대西臺가 되는데 그 이름은 장령대長嶺臺이며, 아래에 있는 서수정암西水晶庵에는 수좌승 청오淸晤가 살고 있었다. 서대에서 남쪽으로 치달린 산줄기가 남대南臺가 되는데 그 이름은 기린대麒麟臺이고, 아래에 오대산사고五臺山史庫가 있으며, 사고 옆은 영감사靈鑑寺였다. 남쪽에는 관음암觀音庵·지장암地藏庵·보현암普賢庵·금강암金剛庵 등이 사고 아래위에 자리하고 있었다.

오대산 안쪽 물과 남대 바깥쪽 물이 합수하여 월정사 수구水口가 되고 금강연金剛淵이 되고 사미대沙彌臺가 되며, 영월군寧越郡에 이르러서는 후진後津. 충북 충주이 되고, 청풍현淸風縣. 충북 제천에 이르러서는 북진北津이 되며, 금천金遷에 유입되어 서쪽으로 흘러 한수漢水가 된다. 서대 북쪽에서 흘러나온 물은 우통수于筒水가 되고, 서대와 북대 바깥쪽 물은 주천현酒泉縣. 강원도 영월에 유입되며, 동대 바깥쪽 물은 청학동靑鶴洞이 되었다가 동쪽으로 흘러 바다로 유입된다. 이것이 산천 형세의 대략인데 그 나머지는 모두 기록할 수 없다.

다음 날 아침 상원사에서 내려와 십여 리를 다녔다. 사고는 2층으로 된 누각이 두 채였는데, 위채 2칸은 왕실의 선원첩璿源牒을 모셔두는 곳이고, 아래채 4칸은 금궤金櫃를 비밀스럽게 보관하는 방이었으며, 하나의 담장으로 둘러싸여 있었다. 담장 바깥은 영감사로, 등록된 승려들에게 맡아서 지키게 하고, 영감사 오른쪽에 관청 건물을 지어서 실록과 선원첩을 옮겨 봉안하고 관리들이 머무는 곳으로 삼았는데, 올 봄에 새로 지은 것이었다. 곧바로 월정사로 내려와 점심을 먹고 돌아가는 길에 횡계역^{橫溪驛}에서 묵었다. 거의 40리였다.

병진년₁₆₇₆ 가을에 쓰다.

원문原文

九月初七日丙戌晴夕灑雨. 早食時. 自珍富驛. 入月精寺. 幾三十餘里. 洞口有沙彌臺金剛淵. 皆勝地. 而金剛淵最絶景. 盤石如磨. 銀瀑橫流. 下馬盤桓. 塵慮淨盡. 有頃月精僧輩. 持藍輿來迎. 寺僧慶悅雲際輩出待. 寺在東臺下. 洞門幽深. 山水縈回. 層軒疊樹. 金碧維新. 眞關東之大刹. 七佛寶殿. 有七軀金像. 其他十王殿羅漢堂之屬. 不可勝記. 屋宇皆羅代所刱. 窮侈極麗. 可想當時之物力. 而歷過千百餘年. 少無傾圮之處. 其制作之完美. 亦可見矣. 寺中有光廟親幸時道場錦帖. 而從臣名錄. 有六代祖礪山君姓署. 盥手奉玩. 古事如在眼中. 又有匪懈堂親筆屛風. 而七帖爲惡少所偸. 眞蹟只有三帖. 良可痛惜. 僧言天日淸朗. 實合登臺. 匪久當有雨徵云. 催行藍輿. 直向中臺. 緣溪十數里. 到神聖窟. 一層巖石. 斗起溪上. 而下有小竇. 其上新刱一間精舍. 首座僧義天居之. 自號幻寂堂. 靜坐修道. 神彩毅然. 年今七十四. 韶光滿顔. 自少恒服松葉. 得力頗多云. 自言家在善山. 與李百宗諸人相善云. 而諸僧皆言本是善山大族. 出家爲僧. 其志行. 與凡僧絶異云. 門徒寔繁. 志業易就. 山內諸庵. 多所營建. 而眞如院神聖窟. 最是名庵. 窟下. 又有草庵舊址. 卽新羅王子淨神修道之處也. 方使其門徒. 營一招提矣. 又行十餘里. 到華嚴庵. 卽

138

新羅聖德王孝明在空門時. 所住處也. 又見幻寂堂眞如院. 天僧重建眞如.
而爲堂於其下. 扁以渠之道號. 而首座僧珠戒居之. 仍到上元寺. 寺在中
臺正脉. 制極宏侈. 卽成化年間. 出内帑之貨. 成本朝願堂者也. 鍾閣有
乖崖白軒兩相公序記. 義珏三印性虛三首座在寺中. 而印僧適下山矣. 性虛
年今三十餘. 頗聰明. 識道理. 始可與言矣. 少憩. 登中臺. 藍輿窮處.
步進一麓. 脚力殆盡. 不得更上一層. 白足有有力者. 負而行之. 僅上中
臺. 坐寂滅寶宮. 五臺面目. 眼底歷歷. 太小白二山. 指點雲間. 游目騁
懷. 怳然有出塵之趣. 少頃天有雨意. 雪花翩翩. 悵望下山. 還宿上元.
天地造化之妙. 有難以鉛槧模寫. 而以山川大勢之控挹於中臺者論之. 雪
嶽一支. 南馳海上. 特起於溟州之西. 爲毗盧峰. 自毗盧中落者. 爲中臺.
其名爲智爐. 臺上有寂滅寶宮. 僧言此無常享爲五臺諸佛時會之所云. 其
下結氣處爲上元寺. 寺下爲眞如院幻寂堂華嚴庵. 寶宮之右爲金夢庵. 首
座僧自彦居之. 爲寶宮佛尊之任. 金夢之下. 爲獅子庵. 而無僧將廢. 可惜
可惜. 自毗盧左旋者爲北臺. 其名爲象王臺. 下有孤雲庵. 首座僧性英居
之. 其下爲象頭庵. 爲慈施庵. 首座僧六和居之. 其下爲神聖窟. 其下爲
淨神所住舊址. 自北臺東馳爲東臺. 其名爲滿月臺. 下有東觀音庵. 首座
僧宗擇居之. 自東臺南構爲月精寺. 其下爲鍾峰庵. 首座僧道英居之. 自
毗盧左旋者爲西臺. 其名爲長嶺臺. 下有西水晶庵. 首座僧淸晤居之. 自
西臺南馳爲南臺. 其名爲麒麟臺. 下有史閣. 閣傍爲靈鑑寺. 而南觀音地
藏普賢金剛等諸庵. 棊布於史閣上下. 五臺内面水及南臺外面水合. 而爲月
精水口. 爲金剛淵. 爲沙彌臺. 至寧越爲後津. 至淸風爲北津. 入金遷西
流爲漢水. 其出於西臺北者. 爲于筒水. 西北臺外面水. 流入于酒泉縣.
東臺外面水. 爲靑鶴洞. 東入于海. 此其大略也. 其餘不能盡記. 翌朝還
下. 行十數里來. 史閣有二區層閣. 上二間. 爲璿牒奉安之所. 下四間.

爲金櫃秘藏之室. 繚以一垣. 垣外爲靈鑑寺. 籍入僧徒. 使之守直. 寺右建公廨. 以爲秘史移奉. 冠盖住接之地. 此則今春所新刱者也. 仍下月精寺. 中火. 還發宿橫溪驛. 幾四十里也. 丙辰秋記.

출전: 宋光淵,『泛虛亭集』,「五臺山記」

14

오대산기

五臺山記

허목許穆

허목(許穆, 1595~1682): 자는 화보(和甫)·문보(文父), 호는 미수(眉叟)·대령노인(臺嶺老人)이고 본관은 양천(陽川)이다. 남인으로 17세기 후반 2차례의 예송을 이끌었으며 군주권 강화를 통한 정치·사회 개혁을 주장했다. 1660년(현종 1) 인조(仁祖)의 계비인 조대비(趙大妃)의 복상문제로 제1차 예송이 일어나자 당시 집권세력인 송시열(宋時烈) 등 서인이 주장한 기년복(朞年服, 1년)에 반대하고 자최삼년(齊衰三年, 3년)을 주장했다. 1675년(숙종 1) 덕원에 유배 중이던 송시열의 처벌문제를 놓고 강경론을 주장하여 온건론을 편 탁남(濁南)과 대립, 청남(淸南)의 영수가 되었다. 남인이 실각하고 서인이 집권하자 관작을 삭탈당하고 고향에서 저술과 후진교육에 힘썼다.

해제解題

「오대산기五臺山記」는 미수眉叟 허목許穆. 1595~1682의 『기언記言』에 수록되어 있다. '오대산'이라 부르는 연유에 대해서 기록하고 있다. 또한 동·서·남·북·중의 다섯의 대臺의 위치와 그 일대의 봉우리와 산에 대한 설명도 기록하고 있다. 말미에는 오대산에서 다닌 장소 간의 거리를 볼 수 있다.

국역國譯

한계寒溪 동쪽이 설악雪嶽이고 설악 남쪽이 오대인데, 산이 높고 크며 골짜기가 깊어 산 기운이 최대로 쌓인 다섯 개를 오대五臺라고 부른다.

그 최북단은 상왕산象王山인데, 매우 높고 험준하며, 정상은 비로봉毗盧峯이다. 그 동쪽에 두 번째로 높은 봉우리가 북대北臺인데 감로정甘露井이 있다. 비로봉 남쪽이 지로봉地爐峯이고, 지로봉 위가 중대中臺인데 산이 깊고 기운이 맑지만 조수鳥獸가 살지 않는다. 승려 효례曉禮는 이곳에서 불상을 두지 않았으니, 이곳이 가장 깊은 곳이다.

중대에서 조금 내려오면 사자암獅子庵이 있는데, 우리 태상신무왕太上神武王. 태조이 창건한 것이다. 참찬문하부사參贊門下府事 권근權近에게 명하여 「사자암기獅子庵記」를 짓게 하였고, 옥정玉井이 있는데 아래로 흘러 옥계玉溪가 된다.

북대 동남쪽이 만월봉滿月峯이고 그 북쪽이 설악산이다. 만월봉의 정상이 동대東臺이고, 동대에서 흘러내린 물이 청계靑溪가 된다. 동대에 올라 붉은 바다에서 떠오르는 해를 바라보았다.

상왕산 서남쪽이 장령봉長嶺峯이고 그 위가 서대西臺이다. 서대 급신정汲神井을 우통수于筒水라고 하는데, 한송정寒松亭의 선정仙井과 함께 영험 있는 샘으로 알려져 있다.

장령봉 동남쪽이 기린봉麒麟峯이고 그 위가 남대南臺이다. 그 남쪽 기슭에 영감사靈鑑寺가 있는데, 이곳에 사책史冊을 보관하고 있다. 상원사上院寺는 지로봉 남쪽 기슭에 있는데, 산중의 아름다운 사찰이다. 절의 동쪽 구석에 큰 나무가 있는데, 가지와 줄기가 붉고 잎은 전나무와 비슷하다. 서리가 내리면 잎이 시들며 노삼老杉이라 부르는데, 더러는 '비목枇木'라고도 한다.

상원사를 구경하고서 중대에 오르기까지가 5리이고, 또 북대에 오르기까지가 5리이며, 서쪽으로 장령봉에 오르기까지 10리이다. 청계까지는 15리이고, 남대까지는 10리이며, 또 남쪽으로 10리 지점에 월정사月精寺가 있다. 월정사 위가 관음암觀音庵인데, 서쪽으로 종봉鍾峯과 마주하여 굽어보고 있고, 종봉은 장령봉 서남쪽에 있다. 이상은 가장 큰 것을 들어 기록한 것이다.

이 산은 흙이 많고 돌이 적으며, 나무는 전나무가 많다. 산중의 물이 합류하여 큰 내가 되는데, 남대 동쪽 계곡에 이르러 반야연般若淵이 되고 월정月井 아래에 이르러 금강연金剛淵이 된다.

원문原文

寒溪東爲雪嶽. 雪嶽南爲五臺. 山高大深邃. 山氣最積者五. 謂之五臺. 其最北爲象王山. 極高峻. 其絶頂爲毗盧峯. 其東次峯爲北臺. 有甘露井. 毗盧南地爐. 地爐上爲中臺. 山深氣淸. 無鳥獸. 釋子曉禮無像佛於

此. 此最極也. 中臺少下. 有獅子庵. 我太上神武王所建也. 命參贊門下
近. 作獅子庵記. 有玉井. 下流爲玉溪. 北臺東南爲滿月. 其北雪嶽. 滿
月絶頂爲東臺. 東臺之水. 爲靑溪. 登東臺. 望赤海出日. 象王西南爲長
嶺. 其上西臺. 西臺汲神井. 謂之于筒之水. 與寒松仙井幷稱靈泉. 長嶺
東南爲麒麟. 其上南臺. 其南麓有靈鑑寺. 藏史於此. 上院在地爐南麓.
山中佳寺. 東隅有大木. 枝幹赤. 葉類檜. 霜隕則葉凋. 謂之老杉. 或
曰枇也. 遊上院. 登中臺五里. 又登北臺五里. 西登長嶺十里. 靑溪十五
里. 南臺十里. 又南十里月精. 月精上觀音. 西與鐘峯. 相對而俯. 鐘峯
在長嶺西南. 此舉其最大者識之. 山蓋多土少石. 山木多檜. 山中之水合
流爲大川. 至南臺東壑. 爲般若淵. 至月井下. 爲金剛淵.

출전: 許穆, 『記言』, 「五臺山記」

15

두타산기

頭陀山記

허목許穆

해제解題

「두타산기頭陀山記」는 신축년1661 6월 미수眉叟 허목許穆, 1595~1682이 두타산에 올라갔다 온 뒤에 기록한 유람기로 『기언記言』에 수록되어 있다. 허목이 두타산에 오르면서 지났던 장소들에 대해서 차례로 기록하였는데, 삼화사三花寺 옛터·반학대伴鶴臺 중대사中臺寺·북폭北瀑·학소대鶴巢臺·천주암瀦珠巖·지조암指祖庵 등과 그 주변 경치들의 기록들을 볼 수 있다.

국역國譯

신축년1661 6월에 두타산頭陁山[85]으로 들어갔다. 삼화사三花寺는 두타산에 있는 옛 절로 지금은 폐사廢寺가 되어 연대를 알 수 없는데, 가시덩굴이 우거진 속에 허물어진 옛 탑과 철불鐵佛만 남아 있었다. 산속으로 들어가니 시냇가로는 온통 무성한 소나무와 거대한 바위뿐이었고, 바위가 긴 여울가에서 그 여울을 마주보며 층대層臺를 이루고 있었는데, 이 바위를 '호암虎巖, 범바위'이라 한다고 하였다.

층대 위를 따라 서쪽으로 가서 바위벼랑을 오르니, '사자항獅子項, 사자목'이었다. 시냇가의 작은 고개 바위벼랑 아래는 물이 맑고 바위가 희었는데, 그 너럭바위가 '석장石場, 마당바위'이었다. 바위 골짜기가 넓게 확 트이고 물이 마당바위 위로 흐르는데, 맑고 얕아서 건널 만하였다. 날이 저물자 마당바위에 소나무 그림자가 길게 늘어졌는데, 어떤 사람은 '산인기포암山人

---

85) 두타산(頭陀山): 강원도 동해시 삼화동과 삼척시 하장면·미로면에 걸쳐 있는 산으로 높이가 1,353m이다. 부처가 누워 있는 형상이며 박달령을 사이에 두고 청옥산과 마주하고 있다. 입구에서 삼화동 남쪽으로 4km쯤 계곡을 들어가면 유명한 무릉계곡이 나온다.

棄匏巖, 산사람이 바가지를 버린 바위'이라고 한다고 하였다. 북쪽 벼랑의 석대石臺는 '반학대伴鶴臺'였다. 이곳을 지나니 산이 온통 바위투성이였고, 높고 거대한 바위가 깎아 놓은 듯했는데, 앞에 있는 미륵봉彌勒峯이 특히 신기하였다.

마당바위를 지나 서북쪽으로 중대사中臺寺에 올랐다. 지난해에 산불이 나서 다 타 버린 것을 산승山僧이 옮겨서 이화사二花寺를 지었고, 삼화사가 가장 아래에 있었는데, 중대사가 산속 시내와 바위가 엇갈리는 지점에 있어서 가장 아름다운 절이었다. 중대사 앞의 계곡은 '무릉계武陵溪'였다. 산속의 내와 바위 이름은 모두 옛날에 삼척부사三陟府使를 지낸 김효원金孝元[86]이 명명한 것이다. 김 부사의 덕화德化는 지금까지도 전해지고 있으며, 삼척에 그의 사당[87]이 있다.

북폭北瀑은 중대사 뒤에 있는데, 바위 계곡이 가파르고 험하지만, 그 아래는 바위가 평탄하고 점차 아래로 내려갈수록 어지럽게 널린 돌이 없어 사람들이 올라가 노닐 만하고, 산에서 물이 세차게 흘러내렸는데 바위 위는 100보가 넘었다. 중대사를 지나서는 암벽을 더위잡고 기어올랐는데, 두 발을 함께 디디고 다닐 수 없을 정도였다. 학소대鶴巢臺에서 쉬었는데, 이곳에 이르자 산세가 더욱 높고 험해져 해가 높이 떴는데도 아침노을이 아직 걷히지 않았다. 이끼 낀 바위에 앉아 폭포를 구경하였는데, 이 바위가 '천주암瀺珠巖'이었다. 앞 봉우리에는 예전에 학 둥지가 있었으나 지금은

---

86) 김효원(金孝元, 1532~1590): 자는 인백(仁伯), 호는 성암(省庵), 본관은 선산(善山)이다. 동인(東人)의 중심인물로 서인(西人) 심의겸(沈義謙)과 대립하여 외직(外職)을 자청하였다. 조식(曺植)·이황(李滉) 등에게서 배웠으며 명종 19년(1564)에 진사가 되고, 이듬해 알성문과(謁聖文科)에 장원으로 급제하였다. 삼척부사(三陟府使), 영흥부사(永興府使)를 역임하였고, 이조판서(吏曹判書)에 추증(追贈)되고 경행서원(景行書院)에 제향되었다. 저서로는 『성암집(省庵集)』이 있다.

87) 사당: 경행사(景行祠). 경행서원은 부사 김효원이 오금잠(烏金簪)을 불태워 버리고 오금잠 굿을 금지시킨 뒤 삼척(三陟) 사람들이 성리학적 질서의 틀에 자리 잡게 된 것을 추모하여 1631년 2월에 교리 북정산(北亭山)에 세운 경행사(景行祠)이다. 30년 뒤인 1661년 2월 북정산 서쪽 산마루로 옮겼다가 1824년 삼척부사(三陟府使) 민사관(閔師寬)이 중수하여 허목을 추배(追配)하여 경행서원(景行書院)으로 승격된 것인데, 1828년 송정동으로 이전하고 1837년 관찰사(觀察使) 한익상(韓益相)이 강당을 신축하고 유생을 교육하였다.

학이 날아들지 않은 지 60년이 되었다고 하였다.

구름사다리를 밟고 몇 층 올라 지조암指祖庵. 관음암을 거닐었다. 이곳은 산의 바위가 끝나는 곳으로 옆에 석굴이 있고, 석굴 안에는 마의노인麻衣老人이 쓰던 토상土床이 있었으며, 남쪽으로 옛 산성이 바라다 보였다. 지조암 북쪽 고개 마루가 가장 높은데 길이 끊겨 올라갈 수 없었고, 동쪽 기슭은 바위로 된 봉우리인데, 북폭 밑의 못 가까이에서 멈추었으며, 동북쪽의 두 번째로 높은 봉우리는 동쪽으로 뻗다가 남쪽으로 내려가면서 바위 기슭이 되어 흑악黑嶽의 북쪽 벼랑과 마주하고 있는데, 그 속에서 냇물이 흘러나오고 있었다.

또 서쪽 세 개의 바위봉우리는 못 가의 바위봉우리와 나란하게 솟아 있었다. 가장 서쪽에 있는 것이 셋 중에서 가장 높았는데, 위의 움푹 파인 돌에는 이끼가 고색창연하고 물이 맑으며, 높이가 한 자가량 되는 노송老松이 있었다. 봉우리 셋을 직접 걸어서 올라가니 아슬아슬하여 굽어 볼 수가 없고, 또 나란히 설 수도 없었다. 그 가운데 봉우리는 큰 바위 세 개가 겹쳐진 것으로 한 발짝만 움직여도 흔들거려서 '동석動石. 흔들바위'이라고 부른다고 했다. 동석 밑에는 냇물이 고여 있었는데, 엎어놓은 항아리 같이 생긴 바위가 넓게 온 골짜기를 독차지하여 물이 그 가운데에 고여 있었다. 물이 매우 깊어 검푸르러 굽어보아도 깊이를 헤아릴 수가 없을 정도였는데. 가뭄이 들면 이곳에서 기우제를 지낸다. 그 물줄기가 처음 시작되는 곳에 옛날 상원사上院寺의 폐허가 있는데, 어떤 이는, "여기가 고려 때 이승휴李承休88)가 머물던 곳이라고 한다"라고 하였다.

---

88) 이승휴(李承休, 1224~1300): 자는 휴휴(休休), 자호(自號)는 동안거사(動安居士). 경산부(京山府, 지금의 성주) 가리현(加利縣) 사람이다. 9세에 독서를 시작하여 12세에 희종(熙宗)의 셋째 아들인 원정국사(圓靜國師) 경지(鏡智)의 방장(方丈)에 들어가 명유(名儒) 신서(申諝)에게서 『좌전(左傳)』과 『주역(周易)』 등을 배웠고, 1252년(고종 39) 봄 최자(崔滋)의 문하에서 급제하였다. 감찰어사(監察御史)와 우정언(右正言)을 거쳐 우사간(右司諫)이 되었고, 판비서시사 숭문관학사(判秘書寺事崇文館學士), 동첨자정원사(同僉資政院事)에 제수되었으며,

산에서 내려온 뒤에 기억을 더듬어 기록하였기 때문에 마당바위는 저녁이었고, 학소대는 아침이었는데, 거꾸로 기록하였다. 미수가 적다.

원문原文

六月. 入頭陁山. 三花寺者. 頭陁古伽藍. 今廢不知年代. 叢棘中. 唯有古塔鐵佛敗壞. 入山中. 川上皆深松巨石. 石臨脩瀬. 相對爲層臺. 謂之虎巖云. 從臺上西行. 登石崖曰獅子項. 川上小嶺石崖下. 水淸石白. 其盤石曰石場. 巖洞開豁. 水流石上. 淸淺可涉. 日夕松影氄氄石場. 或曰山人棄匏巖云. 北崖石臺曰伴鶴臺. 過此則山皆石. 危石如削. 前有彌勒峯. 尤奇. 過石場. 西北上中臺. 前年山火燒盡. 山僧移作二花寺. 三花最下. 中臺在山中川石之衢. 最佳寺. 其前溪曰武陵溪. 山中川石之名. 皆舊使君金侯孝元名之. 金侯之化至今傳之. 府內有金使君祠. 北瀑在中臺後. 石洞嶄巖. 其下則山石平. 而漸下無亂石. 人可躋而遊. 山水流瀉. 石上過百步. 過中臺. 攀傅巖壁. 不得竝足而行. 憩鶴巢臺. 至此. 山氣益嵯峨. 日高朝霞未斂. 坐石苔. 觀瀑布. 謂之濺珠巖. 前峯舊有鶴巢. 今不至六十年云. 躡雲梯數層. 遊指祖. 此山石窮處. 傍有石窟. 中有麻衣老人土床. 南望古城. 其北嶺最高. 路絕不可登. 其東麓石峯. 臨淵水而止. 其東北次峯. 東而南下. 爲石麓. 與黑嶽北壁相對. 其中川水出焉. 又西三石峯. 與淵上石峯竝峙. 而其最西者最極. 上有石圩. 苔老水淸. 有老松高尺許. 峯各三. 躡足而上. 危不可俯. 亦不可竝立. 其中峯危石三重.

밀직부사 감찰대부 사림학사 승지(密直副使監察大夫詞林學士承旨)로 치사(致仕)했다. 『제왕운기(帝王韻紀)』, 『내전록內典錄)』을 지었고, 문집인 『동안거사집(動安居士集)』을 남겼다.

蹋一足則搖. 故名曰動石云. 其下川水積焉. 石如踣瓮. 其廣專壂. 水積
其中. 水深黑. 不可俯而窺. 旱則禱雨於此. 水窮源. 有古上院廢墟. 或
曰. 此高麗李承休山居云. 旣下山. 追記. 故石場夕而鶴臺朝. 逆記之.
眉叟. 記.

출전: 許穆, 『記言』, 「頭陀山記」

16

태백산기

太白山記

허목許穆

해제解題

「태백산기太白山記」는 미수眉叟 허목許穆. 1595~1682의 『기언記言』에 수록되어 있다. 태백산과 그 주변 산세에 대한 설명, 그리고 '태백산'으로 불리게 된 연유에 대한 기록이 있다. 그리고 태백산에 오르면서 건의령巾衣嶺·태백사太白祠·각화사覺化寺를 둘러보았다는 기록도 남아 있다.

국역國譯

태백산太白山은 신라의 북악北嶽이다. 문수文殊·대박大朴·삼태三台·우보虞甫·우검虞檢·마라읍摩羅邑·백산白山은 모두 큰 산인데, 동이東暆. 강원도 강릉와 진번[眞番, 변한弁韓] 지역을 점거하고 있다. 태백산은 문수봉이 가장 높고 큰데, 북쪽으로 두타산·보현산普賢山에 이어져 있고 동쪽으로 바다에까지 뻗쳐 있어 푸른 산이 6, 7백 리나 된다. 문수봉 정상은 모두 흰 자갈이어서 멀리서 바라보면 눈이 쌓인 것 같으니, '태백'이라는 이름이 있게 된 것이 이 때문이라고 한다.

초봄에는 해가 영실성營室星[89]에 있어 추운 날씨가 변하여 얼음이 풀렸으므로 건의령巾衣嶺에 올라 아득한 곳을 굽어보고 서남쪽으로 태백산을 바라보았는데, 눈 덮인 산이 하늘을 막고 정상은 운무雲霧에 가려서 볼 수 없었다. 운무 아래 넓은 산기슭은 모두 깊은 산이어서 꽁꽁 얼어 있고, 그 아래는 백석평百石坪이었다. 산 위에 태백사太白祠가 있고, 태백 남쪽 80리

---

89) 영실성(營室星): 28수(宿)의 하나로 북방 현무(玄武) 7수(宿)의 6번째이다. 페가수스자리를 말한다. 『이아(爾雅)』「석천(釋天)·월명(月名)」'추월(陬月)' 주소(注疏)에 "정월에 해가 영에 있고 해와 달이 추자에서 만나기 때문에 정월을 맹추라고 부른다[正月日在營室 日月會於陬訾 故以孟陬爲名]"라고 보인다.

지점이 각화사覺化寺인데 사책史冊이 갈무리되어 있다.

태백산에서는 인삼人蔘·복령茯苓·궁궁芎藭·당귀當歸·군약群藥·만생백蔓生柏·괴재瑰材·자단紫檀·세 치나 되는 오디가 나오는데, 지리지地理誌에 동해삼촌심東海三寸椹이라고 한 것이 이것이다.

살내정암薩奈淨巖의 물이 서북쪽으로 흘러 태음강太陰江으로 들어가서 우보虞甫 구사흘九沙屹로 내려와 아래는 오십천五十川이 되고, 동쪽으로 백여 리를 흘러 바다로 들어간다.

황지黃池는 우보 서쪽 10리 지점에 있는데, 산중의 물과 합하여 서남쪽으로 흘러서 백석평 20리를 지나고 산의 바위를 뚫고서 남쪽으로 흘러 낙동강洛東江의 근원이 되니, 이를 '천천穿川'이라고 한다. 옛날에 제전祭田을 두어 홍수나 가뭄이 들었을 때 이곳에 제사를 지냈다.

임자년1672 8월에 희중希仲90)이 풍악산楓嶽山을 유람하려 할 때, 동계東界로 나와 일출을 구경하고 석록石鹿으로 나를 찾아와 조언을 구하기에, 「독지지讀地誌」와 「동유박물東遊博物」 600여 자를 지었고, 글씨를 써서 주었다.91)

원문原文

太白山. 新羅北嶽. 文殊大朴三台虞甫虞檢摩羅邑白山皆大山. 蟠據東晥眞

---

90) 희중(希仲): 윤휴(尹鑴, 1617~1680)의 자이다. 윤휴의 호는 백호(白湖)·하헌(夏軒)이며, 본관은 남원(南原)이다. 유일(遺逸)로서 정4품 벼슬인 성균관사업(成均館司業)의 직을 받고, 이후 5개월 만에 대사헌(大司憲)에 오르고, 이어서 판서직(判書職)을 몇 차례 거쳐 1679년(숙종 5) 9월에 우찬성(友贊成)에 올랐다. 그러나 이듬해 경신환국(庚申換局)의 정변으로 사사(賜死)되었다. 당색에 구애됨이 적었으나, 예송으로 서인 측과 틈이 생겨 출사 뒤에는 남인으로 활약하였다. 저술로『독서기(讀書記)』,『백호전서(白湖全書)』가 있다.

91) 글씨를 …… 주었다: 윤휴(尹鑴)는 임자년 윤7월 24일에 서울을 출발하여 26일에 허목을 방문하였다. 길 떠나는 정표로 글을 지어 달라고 청하자 허목이 쾌히 허락하면서 전서(篆書)로 '광풍제월 낙천안토 수명안분(光風霽月樂天安土受命安分)' 열두 자를 써 주었다.『백호전서(白湖全書)』권(卷)34 잡저(雜著)「풍악록(楓岳錄)」

番之域. 太白文殊最高大. 北連頭陀普賢. 東極滄海. 積翠六七百里. 文
殊絕頂. 皆白礫. 望之如積雪. 山有太白之名. 以此云. 孟春日在營室.
寒日滌凍塗. 上巾衣. 俯瞰杳冥. 西南望太白. 雪山塞空. 絕頂埋雲霧.
不可見. 雲霧下大麓. 皆深山沍陰. 其下百石坪. 山上有太白祠. 太白南
八十里覺化. 太史所藏. 山出蔘苓芎藭當歸群藥蔓生柏瑰材紫檀桑實三寸.
誌言東海三寸椹此也. 薩奈淨巖之水. 西北流入太陰江. 下虞甫九沙屹.
下流爲五十川. 東流百餘里入海. 黃池在虞甫西十里. 與山中之水合而西南
流. 過百石坪二十里. 穿山石南流爲洛東源. 曰穿川. 前古置祭田. 水旱
祀之. 壬子八月. 希仲將遊楓嶽. 仍出東界. 觀日出. 過我石鹿求言. 作
讀地誌東遊博物六百餘言. 書贈.

출전: 許穆, 『記言』, 「太白山記」

17

태백산기 병서

太白山記 幷序

강재항 姜再恒

강재항(姜再恒, 1689~1756): 본관은 진주이고 자는 구지(久之)이며 호는 입재(立齋)·뇌풍거사(雷風居士)이다. 봉화 법전·안동에서 살았고 윤증(尹拯)의 문인이다. 약관의 나이에 과업을 버리고 학문에 깊이 침잠하였다. 학행으로 천거되어 선공감역(繕工監役)·회인현감(懷仁縣監)를 제수 받았다. 저서로는 『입재집(立齋集)』, 『추원록(追遠錄)』, 『동리평증(東吏評證)』이 있다.

해제解題

「태백산기병서太白山記幷序」는 강재항姜在恒. 1689~1756의 『입재유고立齋遺稿』에
수록되어 있다. 기축년1709 7월 태백산을 유람하면서 비로 인해 사고史庫
를 보지 못한 것을 아쉬워하면서 그다음 해 9월 다시 산에 올라 사고를
둘러보고 느낀 바를 기록한 유람기이다. 강재항은 국사國史를 사고에 보관
하는 유래가 오래되었음을 밝히면서, 그 유래에 대한 설명도 함께 기록하
였다. 또한 국사를 명산名山인 오대산五臺山과 태백산에 보관하게 되어 만세
의 표준이 될 것이라 말하고 있다.

국역國譯

기축년1709 가을 7월 계유4일, 내 나이 스물한 살 때,[92] 태백산을 유람하
며 사고史庫에 보관된 국사國史를 살펴보려 하였지만, 비 때문에 가지 못하
였다. 다음 해1710 가을 9월 신유30일에 마침내 사고에는 도착했지만, 실록
은 직접 볼 수 없어서 이곳저곳 다니면서 사방을 둘러보다가 마음에 느낀
바를 기록하여 태백산기로 삼으니 다음과 같다.

국사國史를 명산名山에 보관하는 것은 유래가 오래되었는데, 신농씨神農氏
이전은 내 알지 못하지만 문자가 만들어진 이후부터는 항상 그러하였다.
우禹 임금은 물길을 트고 땅을 고르게 하고서 국사를 회계산會稽山에 보관
하였고, 은나라와 주나라의 국사도 모두 명산에 보관하였으며, 한나라 때

---

92) 스물한 살 때[至華]: 꽃다운 나이인 방화지세(芳華之歲)에 이르렀다는 뜻으로 1709년은 강재항이 21세 되던
　　해이다.

『태사공서太史公書』93)는 부본副本을 경사京師에 보관하였으니, 국사를 명산에 보관하는 것은 유래가 오래되었다.

좌사左史94)는 언행言行을 기록하고 우사右史95)는 사건事件을 기록하는데, 언행은 『상서尙書』가 그것이요, 사건은 『춘추春秋』가 그것이다. 전모典謨96)의 가르침은 밝기가 해와 별 같아서 진실로 후대 제왕들이 본받는 것이다. 『춘추』의 기록은 잘한 것은 상주고 잘못한 것은 벌주며, 어진 사람을 등용하고 못난 사람을 물리치며, 난신亂臣을 목 베고 적자賊子를 토벌하여 혼란한 세상을 다스려 바로잡았으니, 실로 전모의 가르침에 부끄러울 것이 없다.

훗날의 『태사공서』는 위로는 요임금과 순임금으로부터 아래로는 전한前漢의 경제景帝와 무제武帝에 이르기까지인데, 그 중간에 춘추시대의 일을 가장 자세히 서술하였다. 『사기史記』의 문장은 간결하고 논함은 깊이가 있으며, 언행을 모으고 사건을 갖추어 아름다운 것은 빠뜨리지 않고 잘못된 것은 숨기지 않았기 때문에, 양웅楊雄97)은 태사공이 훌륭한 사관으로

---

93) 태사공서(太史公書): 『사기(史記)』의 원래 명칭이다. 『사기』는 중국 전한(前漢) 때의 역사가 사마천(司馬遷)이 상고 시대의 황제(黃帝)로부터 전한의 무제(武帝)까지 역대 왕조의 사적을 엮은 중국 정사(正史)이다. 중국 정사(正史)와 기전체(紀傳體)의 시초로 알려져 있으며, 「본기(本紀)」 12권, 「연표(年表)」 10권, 「서(書)」 8권, 「세가(世家)」 30권, 「열전(列傳)」 70권으로 되어 있다.

94) 좌사(左史): 중국 주(周)나라 때 임금의 왼쪽에서 그 행동을 기록하던 관직으로 태사(太史)라고도 한다.

95) 우사(右史): 중국 주나라 때 임금의 오른쪽에서 그 말한 바를 기록하던 관직으로 내사(內史)라고도 한다.

96) 전모(典謨): 『서경(書經)』의 「요전(堯典)」·「순전(舜典)」, 「대우모(大禹謨)」·「고요모(皐陶謨)」·「이훈(伊訓)」, 「탕고(湯誥)」·「대고(大誥)」·「강고(康誥)」·「주고(酒誥)」·「낙고(洛誥)」·「강왕지고(康王之誥)」를 말한다.

97) 양웅(楊雄, B.C.53~18): 전한 촉군[蜀郡, 사천성(四川省)] 성도(成都) 출신으로 자는 자운(子雲)이다. 청년시절에 동향 선배인 사마상여(司馬相如)의 작품을 통해 배운 문장력을 인정받아, 성제(成帝) 때 궁정문인의 한 사람이 되었으며, 사부(辭賦)에도 뛰어났다. 급사황문시랑(給事黃門侍郎)에 임명되었으며, 각 지방의 언어를 집성한 『방언(方言)』과 『역경(易經)』에 기본을 둔 철학서 『태현경(太玄經)』, 『논어(論語)』의 문체를 모방한 『법언(法言)』, 『훈찬편(訓纂篇)』 등을 저술했다.

서 재능이 있다고 칭송하였고, 이청신李淸臣[98]과 진관秦觀[99] 모두 『춘추』를 잘 계승한 것이라고 여겼는데, 우리나라의 『실록實錄』만 유독 명산에 보관할 수 없단 말인가?

우리 조선은 국초부터 국가나 왕실의 중요한 기록들을 명산대곡名山大谷에 보관했는데, 마니산摩尼山·구월산九月山·적상산赤裳山이 이것이다. 그 후, 여러 임금들이 계승하며 가르침이 더욱 많아지면서 선조宣祖 임금에 이르러 다시 오대산과 태백산에도 보관하였는데, 두 산은 우리나라에서 손꼽히는 명산인데다가 국가나 왕실의 중요 문서를 더하여 보관하게 되었으니 만세의 표준이 될 것이다.

성인聖人의 가없는 근심이 어찌 보통사람들의 근심과 같겠는가? 그들의 문장은 곧 역사이고 그들의 언행은 곧 여러 임금들이 이어 전한 가르침이며, 그들의 사건은 300년의 예악형정禮樂刑政이 거기에서 나온 것이니 후세에 드리운 뜻이 어떠하겠는가?

나는 말한다. 송나라 사람이 "역사는 사건이니, 그 사건의 옳고 그름을 기록하여 군자에게는 권장함을 알게 하고 소인에게는 두려움을 알게 한다"라고 하였으니, 어찌 옳지 않겠는가? 당우삼대唐虞三代[100]의 예악禮樂과 정벌征伐은 천자로부터 나와서, 여기에 육교六敎[101]가 베풀어지고, 팔형八

---

98) 이청신(李淸臣, 1032~1102): 자는 방직(邦直)이며, 수서랑 첨서(授書郞僉書)와 양조사 편수관(兩朝史編修官)을 지냈다. 7세에 글을 읽고 매일 수천 자를 외웠다고 하며, 구양수(歐陽脩)는 그의 문장을 소식(蘇軾)에 비견할 정도로 높이 평가하였다.

99) 진관(秦觀, 1049~1100): 북송시대 양주(揚州) 고우(高郵) 출신으로 자는 소유(少游) 또는 태허(太虛)이고, 호는 회해거사(淮海居士)이다. 신종(神宗) 원풍(元豊) 8년(1085) 진사로 문과에 급제하였으며, 태학박사(太學博士)와 비서성정자 겸 국사원편수관(秘書省正字兼國史院編修官) 등을 지냈다. 소식(蘇軾)의 문하에 있으면서 황정견(黃庭堅)과 장뢰(張耒), 조보지(晁補之) 등과 함께 '소문사학사(蘇門四學士)'로 일컬어졌다. 저서에 『회해집(淮海集)』 40권과 『후집(後集)』 6권, 사집(詞集)으로 『회해장단구(淮海長短句)』 3권 등이 있다.

100) 당우삼대(唐虞三代): 당우는 요임금과 순임금, 삼대는 하나라, 은나라, 주나라를 가리킨다.

101) 육교(六敎): 『역(易)』, 『시(詩)』, 『서(書)』, 『예(禮)』, 『악(樂)』, 『춘추(春秋)』이다. 옛적에는 경(經)이라하지 않고 교(敎)라고 일컬었었다.

刑[102]이 더해졌다. 봄이 만물을 자라게 하고 가을이 만물을 마르게 하며, 양이 열고 음이 닫는 하늘의 공덕을 따르고 백성들의 품성을 순화시키니, 어진 사람이 복록을 받고 어질지 않은 사람이 벌을 받아 간특한 자가 일어나지 못하게 하였다. 그러므로 칭송하는 소리가 넘쳐흘러 전모의 가르침이 일어나게 되었고, 집필하는 사관史官 또한 모두 문채와 바탕이 조화를 이룬 군자였으며, 그가 성인이 역사를 기록한 방법을 알았기 때문에 기록한 것이 상세하고 포함된 것이 광대하였다.

지금은 훌륭한 임금이 위에 계시고 현명한 사람들이 조정에 가득하여 아뢰는 것이 모두 좋은 계책이고 논의하는 것이 모두 좋은 방법이므로, 거의 임금과 신하가 격의 없이 토론하던 요순시대에 가까워졌다. 그런데 오히려 은택이 아래에까지 미치지 않고 교화가 열흘을 넘기지 못해서 백성들로 하여금 알맞은 자리에 있지 못하게 하는 것은 유독 무슨 까닭인가?

지난날 주나라 왕실이 쇠약해지고 훌륭한 임금이 나타나지 않아서 큰 덕이 지극히 쇠미해지자 공자는 『춘추』를 지어 모든 왕들이 바꿀 수 없는 큰 법칙으로 삼았다. 그러므로 맹자는 "『춘추』를 지으시자 난신적자亂臣賊子가 두려워하였다"라고 하였으니, 훗날 역사를 쓰는 사람도 또한 『춘추』에서 배워야하지 않겠는가? 만약 그러하다면 어찌 『춘추』의 쓸 것은 쓰고 뺄 것은 빼는 뜻을 잡지 않고서 지금에 시행할 수 있겠는가? 가령 성인이 되어 왕도정치를 행하고 중화를 높여 오랑캐를 물리치며, 은나라의 수레를 타고 주나라의 면복을 입으며, 하나라의 시력을 쓰고 소악韶樂의 춤을 추며, 정나라의 음악을 추방하고 말만 잘하는 사람을 멀리하면, 『춘추』이면서 삼대三代이고 당우唐虞여서 전모의 가르침이 일어남을 거의 지금

---

102) 팔형(八刑): 주대(周代)에 불효(不孝)·불목(不睦)·불인(不婣)·부제(不弟)·불임(不姙)·불휼(不恤)·조언(造言)·난민(亂民)의 죄에 가해진 형벌이다.

세상에서 볼 수 있을 것이니, 어찌 저 한나라 태사공뿐이겠는가?

원문原文

己丑秋七月癸酉. 余至華. 將觀于太白. 以窺國史所藏. 雨不克往. 至翌年秋九月辛酉. 乃克往石室. 秘藏不可抽視. 徘徊四望. 識其所感於心者. 爲之記. 記曰. 史之在名山. 其來久矣. 神農以前. 吾不知已. 自書契以來尙矣. 禹平水土. 而書籍在會稽. 殷周之書. 皆在名山. 在漢則太史公書其副在京師. 史之在名山. 其來久矣. 左史記言. 右史記事. 言則書是已. 事則春秋是已. 典謨之訓. 明如日星. 固後王之所逌則也. 若乃春秋之記. 則賞善罰惡. 進賢退不肖. 誅亂臣討賊子. 撥亂世反之正. 其書實無愧於典謨之訓矣. 後世太史公書. 上自唐虞. 下至景武. 中述春秋之際備矣. 其文簡而其辭深. 其言賈而其事該. 不虛美不隱惡. 楊雄氏稱其有良史才. 而李淸臣秦觀皆以爲春秋之善變者. 其實錄獨不可藏之名山耶. 朝廷自國初. 卽藏其金縢玉冊之書于名山大谷. 若摩尼九月赤裳之山是已. 其後列聖相承而謨訓尤多. 及我先王宣祖. 復藏其貳於五臺太白之山. 山則域內之望也. 益之以秘書實錄. 且將爲萬世法程焉. 聖人淵弘之慮. 豈可與常人之慮同乎哉. 其文則史. 其言則列聖相傳之謨訓. 其事則三百載禮樂刑政之所自出. 其垂世之意何如哉. 再恒曰. 宋人有言曰. 史者事也. 記其事之是非. 使君子知勸. 小人知畏. 豈非信然歟. 唐虞三代. 禮樂征伐. 自天子出. 而六敎之所說. 八刑之所加. 春生而秋殺. 陽開而陰闔. 因天之功. 順民之性. 仁者祿之. 不仁者刑之. 姦慝者不得作. 故頌聲洋溢. 而典謨誥訓之所逌作矣. 而其執筆之史. 亦皆彬彬君子也. 其觀聖人

有術. 故其所記者詳. 而其所包者廣. 當今之時. 聖明在上. 羣哲滿朝. 所陳者皆嘉謨. 所說者皆嘉猷. 庶幾乎都兪吁咈之治矣. 而猶且澤不下究. 化不浹旬. 使斯民有不得其所者獨何歟. 昔者周室旣衰. 聖王不作. 伯德極靡. 而夫子作春秋. 爲百王不易之大法. 故孟子曰. 春秋作而亂臣賊子懼. 後之作者. 其亦學夫春秋耶. 若然則何不操春秋筆削之旨. 施之於當世. 使內聖而外王. 內夏而外夷. 乘殷輅服周冕. 行夏時舞韶舞. 放鄭聲遠佞人. 可以春秋而三代而唐虞矣. 典謨誥訓之制作. 庶今世而可見. 豈惟漢之太史而已哉.

출전: 姜再恒, 『立齋遺稿』, 「太白山記」

18

유태백산기

遊太白山記

김재락金在洛

김재락(金在洛, 1798~1860): 자는 대숙(大淑), 호는 양몽재(養蒙齋), 본관은 월성(月城)이다. 영덕(盈德) 사람으로, 경서를 깊이 탐구하여 『소학관규(小學管規)』와 『경사동점통록(經史東漸通錄)』을 지었다.

해제解題

「유태백산기遊太白山記」는 기묘년1809 김재락金在洛, 1798~1860이 태백산을 유람하고 기록한 것으로 『양몽재집養蒙齋集』에 수록되어 있다. 임신년1812 홍경래洪景來의 난으로 인해 평안도 사람들이 피난을 와서 산속에 자리 잡았다가 떠나면서 폐허가 된 집들이 많이 보이는 것에 탄식하였다. 그런데 산에 오른 것은 기묘년1809이라고 기록하였으나 홍경래의 난이 그 뒤에 일어난 일이므로 산에 올랐던 시기는 기묘년이 아닌 임신년 이후로 보인다.

국역國譯

바닷가 여러 산은 기이한 것이 많은데 서쪽의 태백산이 특히 빼어나다. 지난날 우리 퇴계退溪 이황 선생이 일찍이 태백산을 유람하였고, 선생이 사랑한 청량산淸凉山 또한 바닷가 여러 산처럼 기이하다. 내가 약관弱冠 때부터 이러한 이야기를 듣고 한 번 가보려고 했지만 가보지 못했다. 기묘년1809에 삼종제三從弟 경락景洛, 정락挺洛을 데리고 북쪽의 일월산日月山 아래를 지나며 열흘 동안 유람하다가, 발길을 돌려 삼척三陟의 노곡魯谷에 도착하였는데, 노곡은 태백산과 80리나 떨어진 곳이었다.

이에 노곡에 사는 박복朴福을 재촉하여 먼저 황지黃池에 도착하였다. 여기에서 도화동桃花洞까지는 아직 30리가 남았는데 산은 험준한 바위투성이에 잡초만 무성하였다. 그래서 칡덩굴을 잡고 올라 숲 속을 헤치며 나아가니, 산까치와 새들만 무리지어 있을 뿐, 지나는 곳마다 벼랑 기슭의 집은 허물어졌고 시내 구비의 움집에는 아무도 살지 않았다. 깜짝 놀라서 박복을 돌아보며, "이곳에는 누가 살았었고, 왜 폐허가 되었는가?"라고 물으니, 박복이 "임신년1812 홍경래 난 때문에 평안도에서 도망쳐온 사람들이 등짐을 지고 줄을 이어 깊숙이 들어와 이곳에 살았는데, 그사이에 어떻게 살았는지 죽었는지는 저도 자세히 알지는 못합니다"라고 하였다. 내가 "산이 사람을 잘못되게 하는 것이 아니라, 사람이 스스로 잘못할 뿐이다"라고 탄식하였다. 다시 남쪽의 여러 산을 바라보니, 태백산과 소백산 사이에 봉우리가 올망졸망 다투어 모여들었는데, 청량산이 더욱 기이하고 빼어났다.

산자락에 걸린 해가 지려고 하여 연기를 따라서 가장 깊숙한 곳에 도착하니, 박복이 "이곳이 도화동입니다"라고 하였다. 곧바로 떳집을 보고 가서 문을 두드리니, 배씨襄氏라고 자신을 소개한 주인은 나이가 70이 넘었고 베옷에 칡넝쿨로 만든 두건을 썼는데, 소탈하고 깨끗한 모습에 속된 기미가 없었다. 지나온 산속 생활을 물으니, 배씨가 "이곳은 험난하지만 전염병이 전혀 없어서 자손들이 병에 걸리지 않으니, 잘 모르겠습니다만 무릉도원武陵桃源이 여기보다 더 낫겠습니까?"라고 하고는, 얼마 후 약간의 산나물과 기장밥으로 산중 진미를 맛보여주었다. 이날 밤은 어젯밤부터 낀 안개가 기둥 사이로 스며들고 관솔 불빛이 벽에 비치는데, 뽕나무를 물어보고 삼을 이야기하며[103] 한가로운 마음으로 자적自適하였으니, 지난날 정자程子[104]가 호산鄗山을 유람하며 읊은 시의 서문에 "구름 낀 산들을 실컷 보고서 평소에 품은 뜻 맘껏 누리네[厭飫雲山 以償素志]"라고 한 것이 이것이다.

---

103) 뽕나무를 …… 이야기하며[問桑說麻]: 뽕나무와 삼나무(삼풀)는 전원을 뜻한다.
104) 정자(程子): 정호(程顥, 1032~1085)를 높여 부르는 말이다. 정호(程顥)의 호는 명도(明道)이다. 송나라 주돈이의 제자로 성리학의 대가이다. 정명도와 정이천(程伊川)은 친형제로 유교에 많은 업적을 남겼다.

저 태백산을 살펴보면, 할아버지는 금강산이고 아버지는 오대산이니 태백산이 아들이 되어 삼대三代에 더욱 빼어났다. 동쪽으로 바다를 베게 삼고 북쪽으로 용문산龍門山을 당기며, 일월산이 남쪽 기슭이 되고 조령산鳥嶺山이 서쪽의 백호白虎가 되며, 낙동洛東 여러 산이 서너 겹의 안산案山을 이루어서, 진실로 동쪽 바다에서 하늘을 지탱하는 산이 되었으니, 아, 우리나라의 국사國史를 봉안奉安하는 곳이로다!

원문原文

海上諸山多奇. 西有太白者尤秀出. 昔我退溪李先生. 嘗遊賞於此. 而淸凉亦其諸山也. 僕自弱冠歆聞. 而一赴未果. 歲已卯. 與三從弟景洛挺洛. 北過日月山下. 遊賞浹旬. 而轉到魯谷. 此去太白. 復八十里而遠也. 乃促魯谷人朴福者. 前到黃池. 未及桃花洞三十里. 山積巖危. 崔莽無際. 於是拚葛蘿登. 飛逕穿林而進. 鴶鵡啼羣而已. 所經之處. 砅崖破屋. 溪曲蘢舍. 一無居者. 愕然顧謂朴福曰. 此誰居誰虛. 福曰. 壬申西路逃腥之人. 轎負相續. 深入居此. 其間存歿. 福亦未詳. 余噫嘻曰. 山非誤人. 人自誤許者耳. 復南望諸山. 則爲峯於兩白之間. 而拳拳爭集者. 淸凉尤爲奇秀也. 山日低申. 隨烟至最邃處. 福曰. 是桃花洞. 仍見茅屋而往敲之. 有主人自言裵氏者. 年踰七十. 麻衣葛巾. 淡灑無埃. 迺歷叩山中故事. 裵曰. 此地險阻. 疫癘絶無. 兒孫無病. 未知桃源有加於此耶. 頃之剪菲炊黍. 以效山味. 而是夜宿霧出楹. 松火照壁. 問桑說麻. 閒意自適. 昔程子遊鄠山詩序曰. 厭飫雲山. 以償素志是也. 觀夫太白. 祖金剛. 宗五臺. 三轉而秀. 東枕鰲海. 北控龍門. 日月爲南麓. 鳥嶠爲西虎. 洛東

諸山. 爲三四重案. 實是東溟柱天之物. 而粤吾國史所封之地也.

출전: 金在洛, 『養蒙齋集』, 「遊太白山記」

19

낙산산수병기

洛山山水屛記

최현崔晛

최현(崔晛, 1563~1640): 자는 계승(季昇), 호는 인재(訒齋), 본관은 전주(全州)이다. 일찍이 학봉(鶴峰) 김성일(金誠一)의 문하에서 배우고 1588년(선조 21) 사마시에 합격, 임진왜란 때에 구국책(救國策)을 올려 원릉(元陵) 참봉(參奉)이 되었고, 1606년 문과에 급제, 한림(翰林)에 들어가 광해군(光海君)의 천도론(遷都論)을 극력 반대하여 좌절케 했다. 부제학(副提學)을 거쳐 강원도 관찰사(江原道觀察使)로 횡성(橫城)의 이인거(李仁居)의 모반에 공모했다는 혐의로 투옥되었으나 왕의 특사로 석방되었다. 사후 순충보조공신예조판서(純忠補祚功臣禮曹判書)에 추증되었다.

해제解題

「낙산산수병기洛山山水屛記」는 병인년1626 늦가을 최현崔晛. 1563~1640이 관찰사로 부임한 뒤 순시를 하면서 낙산洛山을 둘러본 후 너무 늦게 온 것에 대해서 탄식을 한 후, 다음 해 정묘년1627 초가을 허계許啓·김상적金尙績과 약속해서 함께 다시 낙산을 유람한 기록이다. 그러나 너무 빠르게 온 것에 대해서 또 탄식을 하였다. 그러자 노승老僧이 최현에게 산은 사계절의 경치가 각기 달라서 그 즐거움도 다른데, 봄·가을이 아닌 때에 와서 남들이 보지 못한 경치를 구경하고 가는 것이니 너무 탄식하지 말라고 얘기한다.

국역國譯

곤륜산은 백두산이 되고 백두산은 금강산이 되어 서역에서 시작하여 동해 끝까지 뭇 산의 바탕이 되었으니 기이함과 웅장함으로 천하의 으뜸이다. 신선이 머무는 곳이요 불가가 칭송하는 곳이며 심지어 중국 사람도 고려에 태어나 금강산을 볼 수 있기를 바랐다. 그런데 이 동쪽 땅에 태어나서도 발자취가 미치지 못하고서 늙어 죽은 자가 많고도 많으니 참으로 옹기 항아리 속의 초파리와 같도다. 내가 이처럼 한스럽게 여긴 지가 60여 년이나 되었으니, 기울어진 나이는 저물어 가고 서리 내린 살쩍에는 찬바람만 부는데, 꿈에도 그리며 마음으로 달린 것이 어찌 주린 아이가 젖을 바라고 목마른 이가 샘을 구하는 정도일 뿐이겠는가.

병인년1626 늦가을, 관찰사가 되어 동쪽으로 오면서 오랫동안 품은 뜻이 조금이나마 펴지고 청복淸福이 미뤄질 수 없음을 기뻐하였다. 행장을 재촉

하여 동쪽을 순시하며 곧장 산중에 뛰어들었는데, 붉은 비단은 다 벗겨
지고 흰 눈이 한 자나 쌓여서 산빛은 적막하고 정취는 서늘하니 늦게 왔
다는 탄식만 나왔다.

다음 해 정묘년1627에 고성의 허옥여許沃余105)와 은계銀溪의 김치등金穉
磴106)과 약속하여 함께 유람하였는데, 올라갈 때에는 앞서거니 뒤서거니
하였고, 자리 누울 때는 베개를 나란히 하였다. 때는 초가을이라 긴 장마
가 막 개고 모든 폭포가 우레처럼 울었는데, 무너진 언덕을 넘고 끊어진
돌길을 건너 하나하나 찾는 재미를 한껏 누렸다. 내가 일행에게 "산에 꽃
이 피고 잎이 붉게 물드는 때가 바로 산을 찾는 계절인데, 이전에는 어찌
그리 늦었고 이번에는 어찌 이리 빠른고? 좋은 일은 참으로 온전하기 어
렵구나"라고 하였더니, 늙은 중이 빙긋 웃으며 "빈도가 이 산에 들어온
지 여러 해입니다. 산의 전모는 변하지 않아도 사시四時의 경치는 각기 그
즐거움이 다릅니다. 고금에 산을 찾는 이가 많기도 한데, 그저 봄꽃과 가
을 단풍, 꽃과 잎의 붉고 푸름을 감상하는 것은 일개 놀이일 뿐이지요. 설
경의 기이함과 폭포의 장관은 오직 겨울과 여름에만 있는데 관상하는 이
는 전혀 없지요. 지금 공께서는 산중의 즐거움을 다하면서 다른 사람이
보지 못한 것을 보는데도 어찌 스스로 부족하게 여기십니까?"라고 하였

105) 허옥여(許沃余): 허계(許啓, 1594~미상)를 말한다. 자는 옥여(沃余), 호는 성암(醒菴), 본관은 양천(陽川)이다.
   1612년(광해군 4) 진사가 되고, 1624년(인조 2) 호조좌랑(戶曹佐郎)으로서 증광문과에 병과로, 1636년 중시문
   과에 병과로 급제하였다. 이해에 이경여(李敬輿)·이명한(李明漢)·신익성(申翊聖)·신익전(申翊全) 등과 함께
   청나라의 연호를 사용하지 않은 사건, 즉 오신죄안(五臣罪案)에 연좌되어 심양(瀋陽)에 잡혀가 심문을 받고
   관직을 삭탈당한 뒤 이듬해 귀국하였다. 귀국 후 도승지(道承旨)가 되고, 호조(戶曹)·병조(兵曹)·예조(禮曹)
   의 참판(參判) 등을 역임하였다. 저서로는 『성암집(醒菴集)』이 있다.
106) 김치등(金穉磴): 김상적(金尙績, 1577~미상)를 말한다. 자는 치등(穉磴), 호는 위촌(渭村), 본관은 강릉(江陵)
   이다. 정간공(靖簡公) 시습(時習)의 후손이다. 1609년(광해군 1) 증광시(增廣試)에서 급제하였다. 사헌부(司憲
   府) 감찰(監察)로 있을 때 시폐를 시정하라는 상소와 폐모론에 반대하는 상소를 올렸다가 이이첨(李爾瞻)의
   미움을 사서 사직했다. 인조(仁祖) 때 다시 풍기군수(豊基郡守)에 제수되었다.

다. 내가 일행을 돌아보며 "훌륭하도다"라고 말하고 드디어 계병契屏[107]을 만들어 다른 날 와유臥遊의 바탕으로 삼기로 약속하였다. 허 군이 그 일을 주도하여 병풍을 꾸며 완성이 되자 나에게 기록해달라고 부탁하였다.

그때 마침 나는 이인거李仁居의 모반죄에 연루되어 넉 달간 묶여 심리를 받았는데, 주상께서 그 실정을 환히 밝히시어 죽을죄를 감하여 회령會寧으로 귀양을 갔다. 이해1628 9월에 특명으로 석방되어 금강산 동쪽 길을 거치는 중에 역관에서 허 군을 만났는데, 지난날의 기록을 다시 부탁해 왔다. 아, 해가 겨우 한번 바뀌었을 뿐인데 세상이 바뀌는 추이와 인간사의 영고성쇠가 이처럼 한결같지 않다는 말인가! 게다가 나로 하여금 충분히 그 당시의 감흥을 일으키게 하니 그 기록을 어찌 사양할 수 있겠는가. 금강산의 웅장함과 험준함을 모사한 것으로는 추강秋江[108]과 치재恥齋[109]가 남긴 기록[110]이 있으니 지금 다시 얘기하면 군더더기가 될 뿐이다.

숭정 원년 무진년1628 음력 12월 상순 낙산사에서 최현이 쓰다.

---

107) 계병(契屏): 조선시대 큰일을 기념하여 그 광경을 그려 병풍으로 만든 것이다.

108) 추강(秋江): 남효온(南孝溫, 1454~1492)을 말한다. 남효온의 자는 백공(伯恭), 호는 추강(秋江)·행우(杏雨)·최 락당(最樂堂)·벽사(碧沙), 본관은 의령(宜寧)이다. 김종직(金宗直)의 문인이며, 김굉필(金宏弼)·정여창(鄭汝 昌) 등과 함께 수학하였다. 생육신(生六臣)의 한 사람이다. 1480년 어머니의 명령에 따라 마지못해 생원시에 응시, 합격했으나 그 뒤 다시 과거에 나가지 않았다. 벼슬을 단념하고 세상을 흘겨보면서, 가끔 바른말과 과격 한 의론으로써 당시의 금기에 저촉하는 일을 조금도 꺼리지 않았다. 때로는 무악(毋岳)에 올라가 통곡하기도 하고 남포(南浦)에서 낚시질하기도 하였다. 또한, 신영희(辛永禧)·홍유손(洪裕孫) 등과 죽림거사(竹林居士)를 맺어 술과 시로써 마음의 울분을 달래었다. 산수를 좋아하여 국내의 명승지에 그의 발자취가 이르지 않은 곳 이 없었다. 시호는 문정(文貞)이다.

109) 치재(恥齋): 홍인우(洪仁祐, 1515~1554)를 말한다. 홍인우의 자는 응길(應吉), 호는 치재(恥齋), 본관은 남양(南 陽)이다. 서경덕(徐敬德)·이황(李滉)의 문인이다. 성리학에 조예가 깊어 당시 명인들과 강마하고 논란하였다. 노수신(盧守愼)과 허엽(許曄)은 학문하는 중에 의심나는 것이 있으면 서신이나 구두로 물었고, 김안국(金安 國)도 그의 학행을 칭찬하였다고 한다. 뒤에 영의정(領議政)에 추증되었고, 여주의 기천서원(沂川書院)에 배향 되었다. 저서로는 『치재집(恥齋集)』 2권과 『관동일록(關東日錄)』이 있다.

110) 기록: 남효온의 『금강산기(金剛山記)』와 홍인우의 『유풍악록(遊楓嶽錄)』을 가리킨다.

원문原文

崑崙而爲白頭. 白頭而爲金剛. 肇西域極東海. 宗脊群山. 奇壯甲天下.
仙靈之所宅. 釋氏之稱頌. 中國人至有願生高麗得見金剛之祝. 而生東土
跡不及. 老而死者滔滔. 眞甕間之醯鷄也. 余恨若是. 蓋五紀餘. 頹齡
薄暮. 霜鬢颯然. 夢想心馳. 豈啻飢待哺而渴思泉哉. 丙寅杪秋. 奉節東
來. 喜宿志之少伸而淸福之不可讓. 促裝東巡. 徑投山中. 紅錦盡脫. 白
雪盈尺. 山顔寂寞. 氣象寒凜. 有來暮之歎. 明年丁卯. 與許高城沃余.
金銀溪稚登. 約會共遊. 登陟忘先後. 坐臥聯枕席. 時値秋孟. 積潦新
霽. 萬瀑雷鳴. 超崩厓凌絶磴. 極探討之樂. 余謂諸君曰. 山花紅葉. 正
是尋山之節. 而昔何太晩. 今何太早. 勝事信難全也. 老衲迺爾笑曰. 貧
道入此山有年. 山之全體不變. 而四時之景. 各異其趣. 古今尋山者何
限. 只償其春花秋錦. 花葉丹靑. 一戲玩耳. 至於雪景之奇飛瀑之壯. 專
在於冬夏. 而得觀者絶無. 今公盡山中之趣. 而觀人之所未觀. 何其自小
耶. 余顧諸君曰. 韙哉. 遂約置契屛. 爲他日臥遊之資. 許君主其事. 裝
且成. 屬余志之. 適余坐緩捕仁居罪. 繫理四朔. 天日洞照本情. 減死竄
會寧. 是歲九月. 特命放還. 道經山之東. 逢許君于驛館. 則再屬以前日
之識. 噫歲纔一周. 而世變之推移. 人事之榮悴. 若是其不一. 尤足以使
余興感. 而誌何得辭焉. 若其模寫雄峻. 有秋江耻齋遺錄. 今復有說則贅
矣. 崇禎元年戊辰臘月上澣. 崔晛書于洛山寺.

출전: 崔晛, 『認齋集』, 「洛山山水屛記」

20

동유소기
東遊小記

김창흡金昌翕

김창흡(金昌翕, 1653~1722): 자는 자익(子益), 호는 삼연(三淵)이고 본관은 안동(安東)이다. 이단상(李端相)의 문인
이다. 1673년(현종 14) 진사시에 합격한 뒤 과장에 발을 끊었다. 백악(白岳) 기슭에 낙송루(洛誦樓)를 짓고 동지들
과 글을 읽으며 산수를 즐겼다. 1681년(숙종 7) 김석주(金錫胄)의 천거로 장악원주부(掌樂院主簿)에 임명되었으나
나가지 않았다. 1696년 서연관(書筵官)에 초선(抄選)되고, 1721년(경종 1) 집의(執義)에 제수되었으며, 이듬해 영조
(英祖)가 세제(世弟)로 책봉되자 세제시강원(世弟侍講院)에 임명되었으나, 모두 사임하고 나가지 않았다. 저서로
는 『삼연집(三淵集)』, 『심양일기(瀋陽日記)』 등이 있다. 이조판서(吏曹判書)에 추증되었고, 양주의 석실서원(石室書
院), 양구의 서암사(書巖祠) 등에 제향되었다. 시호는 문강(文康)이다.

해제解題

「동유소기東遊小記」는 김창흡金昌翕. 1653~1722의 『삼연집三淵集』에 수록되어 있다. 김창흡이 설악산雪嶽山·오대산五臺山·토왕성폭포土王城瀑布·경포대鏡浦臺·향호香湖·화암사華巖寺 등을 둘러보고 남긴 유람기이다. 그는 보문암普門菴·오세암五歲菴·식당동食堂洞 등 여러 곳을 보았으며, 그중 식당동 천석泉石은 그 주변의 모든 샘과 돌 중에 최상의 품격을 가졌다면 극찬하였으며, 곡연谷淵의 십이폭十二瀑이나 지리곡支離谷의 구연九淵의 정교함보다 더 뛰어나다고 기록하였다.

국역國譯

보문암普門菴은 설악산 동쪽에 있다. 양양襄陽에서 설악산을 올랐는데 암자는 산의 5분지 4 정도 높이에 자리 잡고 있었다. 남쪽으로 설악의 많은 봉우리들이 서로 위를 다투어 경쟁이라도 하듯 마주 서 있었는데, 하나같이 우뚝하고 사나워 넘볼 수 없는 기색이 있었다. 암자 앞 가까운 곳에 있는 향로대香爐臺는 기이한 바위들이 층을 이루고 쌓였는데, 그 위에 앉아 뭇 봉우리들을 가리키는 모습이 사람으로 하여금 찬탄하게 하였다. 무리지은 오묘한 봉우리들을 거머잡은 형세는 금강산의 정양사正陽寺, 설악산의 봉정암鳳頂菴과 대략 비슷하지만, 만약 마음이 놀라고 혼이 빠질 만한, 칼 같고 창 같고 그림 같은 형상으로 논한다면, 저들이 오히려 양보할 점이 있었다.

내설악 오세암五歲菴에서 고개를 넘어 보문암에 이르기 전 6, 7리쯤에서 고개 등성이를 타넘으며 동쪽을 굽어보면, 다만 만 자루 칼끝을 묶어놓은 듯하고, 천 자루 창날을 묶어놓은 듯하며, 우뚝우뚝 곧게 솟아 등등하게 날아오르는 듯한 모양이 보이는데, 갑자기 만나면 사람들을 깜짝 놀라게 하지만 마침내는 기쁘게 하니, 바로 아침에 보고 즐기다가 저녁에 죽어도 좋다는 생각이 들 정도였다. 일찍이 『해내기관海內奇觀』[111]을 본 적이 있는데, 오직 중국의 황산黃山을 그린 그림만 비슷해 보였으니, 혹 황산의 밝고 빼어나며 빽빽하고도 성근 것이 어쩌면 설악보다 나은지도 모르겠다. 보문암은 동쪽으로 큰 바다에 임해 있어 일출을 볼 수 있고, 그 아래에는 만 길의 주렴 같은 폭포가 있어 경치가 매우 좋다고 하지만, 너무 멀어서 가지 못했다.

식당동食堂洞 천석泉石은 보문암 하류 10리 되는 곳에 있는데, 바위틈에서 샘물이 흩어지며 떨어졌다. 동부洞府가 깊고 환하여 붉은 벼랑과 푸른 산줄기에 끼어 있는데도 지나치게 좁아보이지는 않았다. 설악의 먼 봉우리들이 운애雲靄 사이로 층을 이루며 은은하게 보여 앉아서도 손으로 만져볼 수 있을 것 같았다. 만약 이 모든 산의 샘과 돌을 통틀어 비교하여 품격을 매긴다면 이곳이 최상이라는 것은 의심할 여지가 없다. 비록 곡연曲淵의 십이폭十二瀑이라든가, 지리곡支離谷의 구연九淵 같은 것들이 만들어진 바가 정교하다 해도, 한가로이 노닐면서 누웠다가 일어나기에는 합당치 못하니, 응당 따로 취급해야 할 것이다. 오직 폐문암閉門巖과 수렴동水簾洞이 고하를 다툴 만하지만, 오히려 지나치게 깊고 어두운 것은 불만스럽다. 계곡 입구에는 좋은 곳이 여러 곳이지만, 앉을 자리가 부족하고 석질이 부

---

111) 해내기관(海內奇觀): 명나라 신종(神宗) 만력 37년(1609)경에 절강성(浙江省) 항주(杭州) 이백당(夷白堂)에서
간행된 산수 판화첩이다. 양이증(楊爾曾)이 편찬하였는데, 진일관(陳一貫)이 그림을 그리고 왕충신(汪忠信)이
조각을 하였다고 하며 모두 10권이다. 그림을 위주로 하고 글은 보충 설명만 하였는데, 명산대천과 명승 고찰
을 그려서 안내하기 위한 자료로 제작되었으며 명대 중기 산수 판화의 중요한 작품이다.

드럽지 못하여 부족한 점이 없지 않았다.

　이 외에 만폭동萬瀑洞의 벽하담碧霞潭이나, 송면松面의 선유동僊遊洞, 화양華陽의 파곶동葩串洞, 상주尚州의 병천애瓶泉崖, 희양曦陽의 백운대白雲臺 같은 것들도 모두 흠 없이 온전히 아름답다고 할 수는 없다. 벽하담은 쏟아지는 물줄기가 장쾌하기는 하지만 땅이 좁기 그지없고, 선유동은 그윽한 맛이 적당하지만 멋스러운 운치가 부족하며, 파곶동은 너럭바위가 장관이지만 쓸데없는 돌판이 너무 드러나 있고, 병천애는 영롱하여 어여쁘지만 샘에 비치는 경치는 전혀 없다. 비록 백운대白雲臺가 위로 푸른 봉우리를 이고 아래로 흰 돌을 펼쳐놓아서 그런대로 굽어보고 쳐다볼 만은 하지만, 그래도 나무들이 빽빽하게 정렬된 멋이나 물길이 멈췄다가 내달리는 운치는 갖추지 못하여, 보는 이로 하여금 쉽게 싫증이 나게 하니, 식당동食堂洞과 동등하게 논할 수 있겠는가? 그 나머지 자질구레한 것은 비교할 만하지도 않다. 비록 눈으로 구경하지 못한 한두 곳이 있을 것이고, 그중에는 유명해서 보고 들은 것을 서로 참작할 것들이 있겠지만, 모두 걸출한 곳은 있지 않다. 우리나라 관동지방의 볼 만한 경치는 대개 이 정도이다.

　토왕성폭포土王城瀑布는 식당동食堂洞에서 10여 리쯤에 있다. 큰 벼랑이 구름에 닿았고, 폭포 물줄기가 절벽 중앙을 가르며 떨어지는데, 벼랑이 넓게 펼쳐진데다 물줄기는 굽지 않았으니 그 기세가 매우 씩씩하여 상승폭포上乘瀑布, 한계폭포와 그 웅장함을 다툴 수 있음은 말할 것도 없고, 만약 그 높이를 논한다면 수천 길일뿐만이 아니니, 해풍강월海風江月의 시구[112]는 오직 이 폭포에 어울릴 것이며 동쪽 바다와의 거리는 채 20리가 안 된다. 기우제祈雨祭를 지낼 때 사람이 폭포 꼭대기에 올라갔는데, 수원水源이 풍

---

112) 해풍강월(海風江月)의 시구: 이백(李白)의 「망여산폭포(望廬山瀑布)」에 "바닷바람 끝없이 불어오고/강에 뜬 달 허공을 다시 비추네[海風吹不斷 江月照還空]"라고 보인다.

부하여 가뭄에도 물길이 끊긴 적이 없었다. 전부터 이곳을 왕래한 사람들은 다만 길 위에서 대충 보고서 한 차례 장대하다고 일컬었을 뿐, 감추어진 것을 드러내고 밝혀서 널리 알리지는 못하였다. 나는 지팡이를 멈추고 한참을 서 있었는데, 자세히 살펴보니 북쪽 마주 보는 곳에 더위잡고 올라갈 만한 언덕이 하나 있었다. 만약 그 꼭대기에 대臺를 하나 만든다면 영동嶺東 제일의 경관이 될 만하였다.

오대산 청학동小金江 위아래 10여 리는 아름답고 깊고 그윽하여 조금도 얄팍하거나 촌스럽지 않았다. 대개 양쪽 벼랑은 아득히 끊어진 것이 많고, 못의 물은 깊고 검어 마치 커다란 항아리와 쌓인 눈썹먹 같은데, 물이 끓는 것처럼 솟아오르며 층층의 여울을 이루어 더러 수백 보에 걸쳐 이어져 있거나, 그 사이에 넓게 펼쳐져 빙 돌아 흐르는 곳이 있어서 자못 양치하거나 물장난을 할 만하였다. 물이 맑지 않고 돌이 모두 매우 검은 것은 아쉬웠다. 관음천觀音遷 위로는 시내를 끼고 둥그스름한 산봉우리와 절벽이 서 있었는데, 옆으로 돌거나 몸을 굽힐 곳이 서너 곳이어서, 석담石潭이 기록한 이른바 '석문石門[113]'이라고 여겼지만, 찾아보아도 찾을 수가 없었다.

오대산 식당암은 넓이가 백 사람의 밥상을 펼칠 만했는데, 유감스럽게도 바위색이 보기 싫게 검었고 자리 잡은 모양도 비스듬했으며, 그 아래의 경담鏡潭도 동그랗게 이루어지지 못하여 양양 설악산의 식당암에 비긴

---

113) 석문(石門): 이이(李珥)의 「유청학산기(遊靑鶴山記)」에 "봉우리가 둘러싸고 길은 끊어졌으며 푸르른 벼랑이 앞을 막아서서 그 벼랑 중턱에 붙어서 지나갔는데, 아래에는 깊은 못이 있었다. 나와 아우가 기다시피 하여 겨우 건너가니, 대유가 먼저 가면서 뒤돌아보고 웃었다. 등성이를 내려와 석문(石門)에 이르니, 둥근 바위가 벼랑 모서리에 걸쳐 있고, 바위 아래에 구멍이 나 있어서 겨우 머리를 숙이고 들어갈 수 있었다. 이윽고 석문에 들어서니 그 경색(境色)이 더욱 기이하여 어리둥절할 정도로 딴 세계였다. 사방은 모두 바위산이 솟아 있고, 푸른 잣나무와 키 작은 소나무가 석문 양쪽 병풍 같은 사이를 채우고 있었다[峯回路斷 碧崖當前 緣崖腹而過 下有深淵 余與季獻匍匐僅度 大宥先往顧笑 下岡乃至石門 圓巖架于崖角 巖下有竇 僅可低頭而入 旣入石門 境色尤奇 慌然別一世界也 四顧皆峙石山 翠柏矮松縫其罅隙兩屏之間]"라고 보인다.

다면 종과 주인의 차이 정도가 아니었다. 바위 위에 앉아보니 뭇 봉우리가 주위를 둥글게 에워싸 의젓하기가 마치 귀신과 같았고, 서북쪽의 촉운봉矗雲峰은 높이 우뚝하게 솟아 기운과 형상이 두려워할 만했으니, 한번 소금강에 들어서자 마치 속세와 끊어진 듯하여 그윽한 운치가 즐길 만하였다.

시내를 따라 서쪽으로 들어가 포회암抱回巖·부회암負回巖을 지나 6, 7리쯤 가서 구룡연九龍淵에 이르러 결국結局[114]을 살펴보니, 짧고 좁아 풍악산楓岳山의 구룡연과 설악산 지리곡支離谷의 한계폭포와는 웅장함을 다툴 만하지도 못했지만 가장 괜찮은 것은 못 하나마다 번번이 폭포 하나가 있는 것이었다. 폭포와 못이 서로 이어받아 층층이 층계를 이루었으니 마치 구슬을 꿰어놓은 것 같았다. 처음과 끝의 길이는 단지 백여 보 정도였지만, 동서로 이어진 바위가 좌우로 비스듬히 기울어지고 영롱한 물방울이 알알이 쏟아지니 기이한 볼거리가 될 만하였다. 아래에서 헤아려 보니 폭포는 모두 다섯이고 높이는 20, 30길이 될 만했는데, 제4폭이 가장 묘했다. 이른바 학소대鶴巢臺는 다른 계곡에 있지만, 용연을 떠나 몇십 리까지는 바위나 물길이 볼 만한 것이 없어서 더 이상 가지 않았다.

오대산 소금강의 경치를 통틀어 논해보면 식당암 이하는 만폭과 백연을 쫓아갈 수 없고, 구룡연九龍淵은 형태는 갖추었지만 크기가 작으니, 율곡이 논평한 것은 아마도 과분한 칭찬일 수밖에 없는 듯하고, 중 계현契玄이 여기를 가지고 파곶[葩串][115]과 만폭萬瀑을 압도하려고 한 주장은 근거가 부족한 듯하다.

경포대鏡浦臺는 밖은 바다이고 안은 호수이며, 넉넉하고 널따란 운치를

---

114) 결국(結局): 민속에서 묏자리, 집터 따위가 형국(形局)을 완전히 갖춘 것을 말한다.
115) 파곶[葩串]: 충남 괴산의 화양구곡 안에 있다.

갖추어 천하의 볼만한 경치가 되기에 충분하지만 어떤지는 알지 못하고 있었는데, 거기에 올라가 보니 저절로 사람으로 하여금 종일토록 돌아갈 것을 잊어버리게 했다. 그러나 모름지기 흉금을 널리 펴고 안목을 크게 붙인 후에야 그 요체를 깨달을 수 있으니, 간혹 작은 눈으로 깨끗이 증명하는 자가 괜히 물가에서 사소한 꼬투리라도 잡아내고서는 볼 만한 것이 없다고 한다면 또한 천박하게 아는 것이다.

향호香湖는 산뜻하여 아낄 만해서 우계牛溪[116]의 평가에 부끄러움이 없었지만, 정자와 누각이 자리 잡은 곳이 조금 낮고 작은 것 같았으니, 문장을 가지고 이것을 비긴다면, 경포대는 대가大家요, 이곳은 명가名家일 것이니, 이백李白[117]이나 두보杜甫[118]에게 왕유王維[119]와 맹호연孟浩然[120] 같을 것이다.

---

116) 우계(牛溪): 성혼(成渾, 1535~1598)의 호이다. 성혼의 자는 호원(浩原), 호는 묵암(默庵)·우계(牛溪), 본관은 창녕(昌寧)이다. 1551년(명종 6)에 생원·진사의 양장(兩場) 초시에는 모두 합격했으나 복시에 응하지 않고 학문에만 전심하였다. 1554년에는 같은 고을의 이이(李珥)와 사귀면서 평생지기가 되었다. 1568년(선조 1)에는 이황(李滉)을 뵙고 깊은 영향을 받았다. 죽은 뒤 1602년에 기축옥사(己丑獄死)와 관련되어 삭탈관직 되었다가 1633년에 복관사제(復官賜祭)되고, 좌의정(左議政)에 추증되었다. 저서로 『우계집(牛溪集)』 6권 6책과 『주문지결(朱門旨訣)』 1권 1책, 『위학지방(爲學之方)』 1책이 있다. 시호는 문간(文簡)이다.

117) 이백(李白, 701~762): 중국 당나라 때의 시인으로 '시선(詩仙)'으로 불리며 두보와 함께 중국 최고의 시인으로 손꼽힌다. 벼슬에 뜻이 없어 각지를 떠돌아다니며 시와 술로 벗을 삼았다. 성격이 호탕하고 꿈이 커서 세속의 생활에 매이지 않았고, 자유분방한 상상력으로 시를 읊었다. 자연을 노래한 시가 많으며, 후세에 편찬된 『이태백 문집(李太白文集)』이 전한다.

118) 두보(杜甫, 712~770): 중국 당나라 때의 시인으로 '시성(詩聖)'으로 불리며 이백(李白)과 함께 중국의 최고 시인으로 꼽힌다. 율시에 뛰어났으며, 동란의 시대를 직시하고 성실하게 살아온 삶을 작품으로 표현한 시인이다. 자는 자미(子美)이고, 조상의 출생지를 따서 두소릉(杜少陵) 또는 두릉(杜陵)이라고도 불리며, 그가 지낸 관직 명칭을 따서 두습유(杜拾遺) 또는 두공부(杜工部)라고도 불린다. 당나라 말기의 시인 두목(杜牧)을 소두(少杜)라고 부르는 데 대해 두보는 노두(老杜)라고 부른다. 이백이 지난 시대의 시를 정리했다고 한다면, 두보는 그것을 한층 발전시켰다는 평가를 받는다.

119) 왕유(王維, 699~759): 자는 마힐(摩詰)이다. 시, 음악, 그림에 뛰어난 재주를 보였다. 남종화의 시조로 알려져 있다. 남종화는 문인화가들을 중심으로 전개된 화풍으로 개인적인 감정 표현에 더 많은 관심을 가졌다. 그는 여러 가지 주제로 그림을 그리고 다양한 표현양식을 채택하였으나, 산수화를 발달시킨 최초의 사람 중 하나로 특히 유명하다. 설경산수화로 유명했으며, 가장 유명한 작품은 「망천도(輞川圖)」라는 화권이다. 이 그림은 전해지지 않으나, 후에 제작된 많은 모사품으로 대강의 구도는 보존되었다. 또한 그는 자연의 정치와 한가로운 전원생활을 노래한 시인으로 이백(701~762), 두보(712~770) 등의 유명한 당대 시인들과 함께 서정시 형식을 완성한 시인으로 손꼽힌다.

120) 맹호연(孟浩然, 689~740): 이름은 호(浩)이다. 어린 시절 고향에서 묻혀 지내다가 나중에 장안으로 가서 진사과에 응시했으나 실패한 이후로 평생 벼슬을 하지 못했다. 강소성(江蘇省)과 절강성(浙江省) 등지를 자유로이

화암사華巖寺[121]는 미수파彌水坡, 미시령 동쪽에 있는데, 새하얀 봉우리에 둥 그렇게 에워싸여 푸른 바다를 굽어보고 있어, 절의 누각에 앉아 일출을 볼 수 있었다. 아래로 6, 7푼[122]의 천석은 지극히 깨끗하여 구경할 만했고, 물방아가 서로 연이어져 선방禪房을 빙 둘러싸고 있었다. 남쪽 고개에 성인대聖人臺가 있었는데 거대한 바위가 평퍼짐하여 백여 사람이 앉을 만했다. 남쪽에는 천후산天吼山이 읍揖하고 있고, 동쪽으로 영랑永郞, 청초靑草 두 개의 커다란 호수를 굽어보니, 아스라이 허공에 떠있는 듯하여 사람으로 하여금 옷을 걷고 바다를 건너고 싶은 마음이 들게 하였다.

원문原文

普門菴在雪岳東側. 自襄陽登岳. 菴據五分之四而高焉. 南對雪岳萬峰負勢
競上. 箇箇竦崿. 凜然有不可干之色. 菴前近地. 有香爐臺. 奇巖層積.
坐其上. 指點羣峰. 令人叫絶. 其摠攬衆妙之勢. 與正陽鳳頂略同. 而若
論其劍戟圖畫可以驚心動魄. 則彼反有遜焉.
自內山五歲菴. 踰嶺而未及普門六七里許. 行跨嶺脊而東向俯視. 但見其

유람했으며 장구령에게 초빙되어 그의 막객을 지내다가 얼마 후 병으로 죽었다. 시의 소재는 넓지 않은 편으로 주로 전원의 산수경치와 떠돌아다니는 나그네의 심정을 묘사한 것이 많다. 시어가 자연스럽고 풍격이 청담하며 운치가 깊어서 당대의 대표적인 산수시인으로 꼽힌다. 왕유(王維)와 더불어 이름을 날렸으므로 왕·맹이라 병칭된다. 『맹호연집(孟浩然集)』이 있다.

121) 화암사(華巖寺): 강원도 고성군 토성면 신평리에 있는 절이다. 769년(혜공왕 5) 진표율사(眞表律師)가 처음 건물을 짓고 절 이름을 화암사(華巖寺)라 칭하였다고 한다. 1623년(인조 1)에 소실된 것을 1625년(인조 3) 다시 지은 후에도 몇 차례의 화재로 인한 소실과 중건이 거듭되었다. 1864년(고종 1)에 이곳 수바위 밑에 옮겨짓고 이 바위를 표기해 수암사(穗巖寺)라 하였다가 1912년 화암사(禾岩寺)로 이름을 고쳤고, 1915년 소실된 후 다시 지었으나 한국전쟁으로 전소되었다. 1991년 8월 이곳 신평들에서 개최되었던 제17회 세계잼버리대회의 개최준비를 위한 주변정비계획에 따라 기존건물인 법당을 철거하고 전체 사찰 건축들을 중건하여 오늘에 이르렀다.

122) 푼: 1/10 할, 즉 10%를 뜻한다.

萬劍束鋋. 千戟攢枝. 屹屹直上. 騰騰飛動. 乍遇之. 令人錯愕. 終焉喜怵. 便有朝睹甘夕死之意. 嘗覽海內奇觀. 惟黃山圖似之. 或恐其瑩秀森疎勝此而有未可知矣. 普門菴東臨大海. 可觀日出. 下有萬丈簾瀑. 其爲具勝. 邈不可及.

食堂泉石. 在普門下流十里地. 而巖泉洒落. 洞府宏暢. 夾以丹崖翠嶺. 而不至襯礙. 雪岳遠峰. 層現於雲霽間者隱隱. 可坐而挹也. 若以諸山泉石. 通較而定品. 則此爲上乘無疑. 雖如曲淵之十二瀑. 支離谷之九淵. 造化雖巧. 不合於徜徉枕嗽. 自當別論. 惟閉門巖水簾洞. 可相高下. 而猶嫌其過於幽晦. 谷口有數三佳處. 坐地欠妥帖. 石理欠瑩潤. 不無愧色. 外是而萬瀑碧霞潭. 松面傞遊洞. 華陽葩串洞. 尙州瓶泉崖. 曦陽白雲臺. 皆不能盡美無疵. 碧霞有激射之快. 而地步苦窄. 傞遊有幽敻之致. 而風韻不足. 葩串以盤石見長. 而大覺板冗. 瓶泉以玲瓏爲巧. 而全無映帶. 雖白雲臺上戴碧峰. 下展白石. 差可俯仰. 而猶未具森列停瀉之致. 令人意味易窮焉. 可與食堂等論哉. 自餘瑣瑣. 不足與較. 雖有一二未經眼者. 間有名稱而參互見聞. 槩未有傑然者. 吾東泉石之觀. 蓋止此矣.

土王城瀑布. 在食堂十餘里許. 巨壁參雲. 瀑流中劈而下. 壁既展廣. 流不屈曲. 其勢甚壯. 毋論上乘寒溪瀑名. 殆可與開先爭雄. 若論其高. 則不翅數千丈. 海風江月之句. 惟此瀑當之. 東距滄溟. 不滿二十里. 祈雨時人有溯其頂者. 水源頗豐大. 旱未嘗斷流. 自前往來者. 只從道上泛看. 一番稱壯. 未嘗爲之闡揚. 余停策良久. 細看其北邊對地. 有一土岡. 可以攀上. 若就其巓. 作爲一臺. 則爲嶺東一快觀也.

靑鶴洞上下十餘里. 窈窕幽敻. 殊不淺野. 大率多兩崖嶄絶. 淵水沈墨. 若巨甕蓄黛. 沸成層湍. 或連亘數百步. 間有展拓宛轉處. 頗可漱弄. 所欠水不澄瑩. 石皆玄黯. 觀音遷以上. 夾溪有圓峰峭壁. 可供眺挹者數三

處. 石潭記所謂石門. 求之邈如也.

食堂巖則廣可布百人食床. 而無奈其石色醜黑. 坐勢欹仄. 鏡潭亦欠圓成. 若比襄陽食堂. 則不翅奴主之別. 坐巖上. 衆峰環衛. 儼若鬼神. 西北蠹雲峰. 嵬然雄峙. 氣象可畏. 一入洞中. 若與人世隔絶. 幽致亦可悅也.

沿溪西入. 歷抱回巖負回巖. 行可六七里. 至九龍淵. 觀其結局短窄. 不可與楓岳支離谷爭雄. 而最緊者一淵輒一瀑. 瀑淵相承. 層層成級. 勢若貫珠. 其爲首尾只百餘步. 而東西緣巖. 左右斜眄. 玲瓏歷落. 足爲奇賞也. 自下而數凡五瀑. 高可二三十丈. 而第四瀑最妙. 所謂鶴巢則乃在別澗. 去龍淵幾數十里. 巖泉無可觀. 故不往.

捴論一洞之勝. 則食堂巖以下. 趂不上萬瀑百淵. 而九龍淵則具體而微. 栗谷品題. 恐不免爲溢美. 而契玄僧名. 之欲以此壓倒葩串萬瀑者. 多見其持論不根矣.

鏡浦臺外海內湖. 具從容闊大之致. 足爲天下勝覽. 不知如何. 而登之. 自令人終日忘歸. 然須廣披襟胸. 大著眼目而後. 可領其要. 間有小眼潔證者. 規規吹索於渚涯之間. 而謂無足觀. 則亦淺之爲知也.

香湖瀟洒可愛. 無愧於牛溪題品. 而亭閣所據. 稍似低微. 若以文章爲比. 則鏡浦爲大家. 而此爲名家. 其猶王孟之於李杜乎.

華巖寺在彌水坡東側. 環擁素嶂. 俯臨滄海. 坐寺樓. 可觀日出. 下有六七分泉石. 清絶可賞. 水碓相連. 周繞禪房. 南嶺有聖人臺. 巨巖平帖. 可坐百餘人. 南挹天吼山. 東俯永郞靑草兩大湖. 縹緲憑虛. 令人有褰裳涉海之意.

출전: 金昌翕, 『三淵集』, 「東遊小記」

강원도 유산기 목록(157편)

	저자	작품명	출전	간년
1	이곡(李穀) (1298~1351)	東遊記	『稼亭集』 (卷之伍, 記)	1662년
2	성현(成俔) (1439~1504)	遊三日浦賦	『虛白堂集』 (卷之一, 賦)	1842년
3	이원(李黿) (미상~1504)	遊金剛錄	『再思堂逸集』 (卷之一, 雜著)	1939년
4	남효온(南孝溫) (1454~1492)	遊金剛山記	『秋江集』 (卷之伍, 記)	1921년
5	홍인우(洪仁祐) (1515~1554)	關東錄	『恥齋遺稿』	미상
6	이이(李珥) (1536~1584)	楓嶽紀行詩	『栗谷全書』	1814년
7	유운룡(柳雲龍) (1539~1601)	遊金剛山錄	『謙菴集』 (卷之伍, 雜著)	1803년
8	양대박(梁大樸) (1543~1592)	金剛山紀行錄	『靑溪集』 (卷之四)	미상
9	배용길(裵龍吉) (1556~1609)	金剛山記	『琴易堂集』 (卷之伍, 記)	1855년
10	정엽(鄭曄) (1563~1625)	金剛錄	『守夢集』 (卷之三, 雜著)	1661년
11	이정구(李廷龜) (1564~1635)	遊金剛山記 上下	『月沙集』 (卷之三十八, 記)	1688년
12	노경임(盧景任) (1569~1620)	遊金剛山記	『敬菴集』 (卷之二, 記)	1784년
13	신익성(申翊聖) (1588~1644)	遊金剛內外山諸記	『樂全堂集』 (卷之七, 記)	1681년

14	신익성(申翊聖) (1588~1644)	遊金剛小記	『樂全堂集』 (卷之七, 記)	1681년
15	이경석(李景奭) (1595~1671)	楓嶽錄	『白軒集』 (卷之十○詩稿, 楓嶽錄)	1700년
16	허목(許穆) (1595~1682)	楓嶽	『記言』 (卷之二十八 下篇)	1692년
17	이명한(李明漢) (1595~1645)	游楓嶽記	『白洲集』 (卷之十六, 記)	효·현종연간
18	김득신(金得臣) (1604~1684)	金剛山錄	『柏谷集』 (册六, 雜著)	미상
19	홍여하(洪汝河) (1620~1674)	遊楓嶽記	『木齋集』 (卷之六, 記)	영·정조연간
20	홍여하(洪汝河) (1620~1674)	遊三日浦記	『木齋集』 (卷之六, 記)	영·정조연간
21	홍여하(洪汝河) (1620~1674)	叢石亭記	『木齋集』 (卷之六, 記)	영·정조연간
22	홍여하(洪汝河) (1620~1674)	楓嶽漫錄	『木齋集』 (卷之六, 記)	영·정조연간
23	김수증(金壽增) (1624~1701)	楓嶽日記	『谷雲集』 (卷之三, 記)	1711년
24	이천상(李天相) (생몰년 미상)	關東錄	『新溪集』	미상
25	석세환(釋世煥) (생몰년 미상)	金剛錄	『混元集』	미상
26	김창협(金昌協) (1651~1708)	東游記	『農巖集』 (卷之二十三, 記)	1709년
27	이동표(李東標) (1644~1700)	遊金剛山錄	『懶隱集』 (卷之伍, 記)	1880년
28	이하곤(李夏坤) (1677~1724)	東遊錄	『頭陀草』 (册十四, 雜著)	미상

29	석법종(釋法宗) (생몰년 미상)	遊金剛錄	『虛靜集』	미상
30	황경원(黃景源) (1709~1787)	靈源石記	『江漢集』 (卷之十, 記)	1790년
31	황경원(黃景源) (1709~1787)	九龍淵記	『江漢集』 (卷之九, 記)	1790년
32	안석경(安錫儆) (1718~1774)	東行記	『霅橋集』	1906년
33	안석경(安錫儆) (1718~1774)	東遊記	『霅橋集』	1906년
34	안경점(安景漸) (1722~1789)	遊金剛錄	『冷窩集』 (卷之三, 雜著)	1910년
35	송환기(宋煥箕) (1728~1807)	東遊日記	『性潭集』 (卷之十二, 雜著)	고종 연간
36	이동항(李東沆) (1736~1804)	海山錄	『遲庵文集』 (卷之四)	미상
37	이동항(李東沆) (1736~1804)	楓嶽總論	『遲庵文集』 (卷之四)	미상
38	박영석(朴永錫) (1735~1801)	東遊錄	『晩翠亭遺稿』	1986년
39	이진택(李鎮宅) (1738~1805)	金剛山遊錄	『德峯集』 (卷之四, 雜著)	1902년
40	이병렬(李秉烈) (생몰년 미상)	金剛日記	『龍岡集』 (卷之一)	미상
41	신광하(申光河) (1729~1796)	東遊記行	『震澤集』 (卷之十一)	1975년
42	금원(錦園) (1804~미상)	湖東西洛記		미상
43	김인섭(金麟燮) (1827~1903)	泛舟遊叢石亭記	『端磎集』 (卷之十, 記)	1966년

44	김인섭(金麟燮) (1827~1903)	遊金幱窟記	『端磎集』 (卷之十, 記)	1966년
45	김인섭(金麟燮) (1827~1903)	觀音寺餞春記	『端磎集』 (卷之十, 記)	1966년
46	허훈(許薰) (1836~1907)	東遊錄	『舫山集』 (卷之十四, 雜著)	1910년
47	송병선(宋秉璿) (1836~1905)	東遊記	『淵齋集』 (卷之二十, 雜著)	1907년
48	손봉상(孫鳳祥) (생몰년 미상)	金幱窟記	『韶山集』	미상
49	손봉상(孫鳳祥) (생몰년 미상)	叢石記	『韶山集』	미상
50	오준선(吳駿善) (1851~1931)	遊金剛山記	『後石遺稿』	미상
51	안병두(安炳斗) (1881~1927)	金剛錄	『東隱遺稿』	미상
52	성제원(成悌元) (1504~1559)	九龍淵神夢記	『東州逸稿』	미상
53	성제원(成悌元) (1504~1559)	遊金剛山記	『東州逸稿』	미상
54	최운우(崔雲遇) (1532~1605)	金剛山錄	『香湖集』	미상
55	민인백(閔仁伯) (1552~1626)	出宰安峽以遊金剛	『苔泉集』 (卷伍, 遊賞)	1874년
56	최유해(崔有海) (1588~1641)	嶺東山水記	『嘿守堂集』 (卷之十八, 記)	미상
57	신즙(申楫) (1580~1639)	遊金剛錄	『河陰集』	1835년
58	이명준(李命俊) (1572~1630)	遊山錄	『潛窩遺稿』 (卷之三, 雜著)	19세기 전반

59	이현영(李顯英) (1573~1642)	楓嶽錄	『蒼谷集』 (續集 卷之二, 記)	미상
60	안응창(安應昌) (1603~1680)	遊金剛記	『柏巖文集』	미상
61	유창(兪瑒) (1614~1690)	關東秋巡錄	『秋潭集』 (卷之貞, 雜著)	미상
62	윤휴(尹鑴) (1617~1680)	楓岳錄	『白湖全書』	미상
63	이하진(李夏鎭) (1628~1682)	金剛途路記	『六寓堂遺稿』 (冊三)	미상
64	홍대구(洪大龜) (1610~1694)	遊楓嶽記	『東庵遺稿』	미상
65	홍대구(洪大龜) (1610~1694)	楓嶽記補遺	『東庵遺稿』	미상
66	임홍량(任弘亮) (1634~1707)	關東記行	『敝帚遺稿』 (卷之三, 雜著)	1868년
67	조정만(趙正萬) (1656~1739)	遊金剛山小記	『悟齋集』 (卷三, 記)	미상
68	김상직(金相直) (미상~1722)	東遊錄	『恥齋遺稿』	미상
69	이세구(李世龜) (1646~1700)	東遊錄	『養窩集』 (冊十二, 雜著[上])	미상
70	이서(李漵) (1662~1723)	東遊錄	『弘道遺稿』 (卷之伍)	미상
71	김창석(金昌錫) (1652~1720)	金剛日記	『月灘集』 (卷之三, 錄)	1933년
72	이시선(李時善) (1625~1715)	關東錄	『松月齋集』	미상
73	김유(金楺) (1653~1719)	遊楓嶽記	『儉齋集』	미상

74	이의현(李宜顯) (1669~1745)	遊金剛山記	『陶谷集』 (卷之伍, 記)	1766년
75	김창집(金昌緝) (1662~1713)	東游記	『圃陰集』	1726년
76	심육(沈鋅) (1685~1753)	楓嶽錄	『樗村遺稿』 (卷之四十一, 雜著)	1938년
77	이덕수(李德壽) (1673~1744)	楓岳遊記	『西堂私載』 (卷之四, 記)	미상
78	이만부(李萬敷) (1664~1732)	金剛山記	『息山集』 (別集-卷之三, 行錄[六])	1813년
79	이만부(李萬敷) (1664~1732)	金剛山總記	『息山集』 (別集-卷之三, 行錄[六])	1813년
80	이만부(李萬敷) (1664~1732)	又書金剛山記後	『息山集』 (別集-卷之三, 行錄[六])	1813년
81	송상윤(宋相允) (1674~1753)	遊金剛山日記	『韋窩集』	1912년
82	오원(嗚瑗) (1700~1740)	遊楓嶽日記	『月谷集』 (卷之十, 記)	1752년
83	정식(鄭栻) (1683~1746)	關東錄	『明庵集』	미상
84	유경시(柳敬時) (1666~1737)	遊金剛山錄	『涵碧堂集』	미상
85	김도수(金道洙) (미상~1742)	楓岳別記	『春洲遺稿』 (卷之二, 記)	영조 후기
86	어유봉(魚有鳳) (1672~1744)	遊金剛山記	『杞園集』 (卷之二十, 記)	미상
87	어유봉(魚有鳳) (1672~1744)	再遊金剛內外山記	『杞園集』 (卷之二十, 記)	미상
88	채지홍(蔡之洪) (1683~1741)	東征記	『鳳巖集』 (卷之十三, 記)	1783년

89	이철보(李喆輔) (1691~1770)	東遊錄	『止庵遺稿』	미상
90	정기안(鄭基安) (1695~1767)	遊楓嶽錄	『晚慕遺稿』	1834년
91	남유용(南有容) (1698~1773)	遊玉流洞記	『雷淵集』 (卷之十三, 記)	1783년
92	오재순(吳載純) (1727~1792)	海山日記	『醇庵集』 (卷之伍, 記)	1808년
93	김구주(金龜柱) (1740~1786)	東遊記	『可庵遺稿』	미상
94	조위경(趙緯經) (1698~1780)	金剛遊山記	『吹篪齋集』	미상
95	유정원(柳正源) (1702~1761)	遊金剛山錄	『三山集』 (卷之伍, 雜著)	1863년
96	김종정(金鍾正) (1722~1787)	東征日錄	『雲溪漫稿』	미상
97	이도현(李道顯) (1726~1776)	遊金剛山記	『溪村集』 (卷之八, 記)	19세기
98	남한조(南漢朝) (1744~1809)	金剛山小記	『損齋集』	미상
99	남한조(南漢朝) (1744~1809)	八景小記	『損齋集』	미상
100	이종욱(李宗郁) (1737~1781)	東遊記	『芹谷遺稿』	1824년
101	서영보(徐榮輔) (1759~1816)	楓嶽記	『竹石館遺集』 (冊三, 記)	미상
102	임정주(任靖周) (1727~1796)	東遊記	『雲湖集』	미상
103	강세황(姜世晃) (1713~1792)	遊金剛山記	『豹菴遺稿』	미상

104	남한조(南漢朝) (1744~1809)	九龍淵瀑布	『損齋集』	미상
105	유정문(柳鼎文) (1782~1839)	遊金剛錄	『壽靜齋集』	1799년
106	이병운(李秉運) (1766~1841)	東征日錄	『俛齋集』	미상
107	허목(許穆) (1595~1682)	東界	『記言』 (卷之二十八 下篇, 山川 下)	1692년
108	문익성(文益成) (1526~1584)	遊寒溪錄	『玉洞集』 (卷之一, 詩○雜著)	1873년
109	유몽인(柳夢寅) (1559~1623)	關東紀行二百韻	『於于集』 (後集 卷之一, 詩○關東錄)	1832년
110	최현(崔晛) (1563~1640)	洛山山水屛記	『訒齋集』 (卷之十, 記)	1778년
111	김수증(金壽增) (1624~1701)	寒溪山記	『谷雲集』 (卷之四, 記)	1711년
112	김수증(金壽增) (1624~1701)	曲淵記	『谷雲集』 (卷之三, 記)	1711년
113	김수증(金壽增) (1624~1701)	遊曲淵記	『谷雲集』 (卷之四, 記)	1711년
114	홍태유(洪泰猷) (1672~1715)	遊雪嶽記	『耐齋集』 (卷之四, 記)	1755년
115	김창흡(金昌翕) (1653~1722)	雪岳日記	『三淵集』 (拾遺 卷之二十七, 日記)	1732년
116	김창흡(金昌翕) (1653~1722)	遊鳳頂記	『三淵集』 (拾遺 卷之二十三, 記)	1732년
117	김창흡(金昌翕) (1653~1722)	東遊小記	『三淵集』 (卷之二十四, 記)	1732년
118	안병두(安炳斗) (1881~1927)	北遊錄	『東隱遺稿』	미상

119	안창재(安昌載) (생몰년 미상)	雪嶽山探勝記	『竹軒詩稿』	미상
120	임춘(林椿) (생몰년 미상)	東行記	『西河集』 (卷第伍, 記)	1713년
121	허목(許穆) (1595~1682)	伍臺山記	『記言』 (卷之二十八 下篇, 山川)	1692년
122	허목(許穆) (1595~1682)	伍臺山記	『記言』 (卷之二十八 下篇, 山川)	1692년
123	김창흡(金昌翕) (1653~1722)	伍臺山記	『三淵集』 (卷之二十四, 記)	1732년
124	허목(許穆) (1595~1682)	太白山記	『記言』 (卷之二十八 下篇, 山川)	1692년
125	허목(許穆) (1595~1682)	寒松亭記	『記言』 (卷之二十八 下篇, 山川)	1692년
126	윤선거(尹宣擧) (1610~1669)	巴東紀行	『魯西遺稿』 (續 卷之三, 雜著)	1712년
127	김효원(金孝元) (1542~1590)	頭陀山日記	『省菴遺稿』 (卷之二, 遊山錄)	미상
128	허목(許穆) (1595~1682)	頭陀山記	『記言』 (卷之三十七, 陟州記事)	1692년
129	이이(李珥) (1536~1584)	遊青鶴山記	『栗谷全書』 (卷之十三, 記)	1814년
130	유광천(柳匡天) (1732~1799)	蓮亭夜遊記	『歸樂窩集』	1935년
131	김상헌(金尙憲) (1570~1652)	清平錄	『清陰集』 (卷之十)	1671년
132	박장원(朴長遠) (1612~1671)	遊清平山記	『久堂集』 (卷之十伍, 記)	1730년
133	박장원(朴長遠) (1612~1671)	重遊清平記	『久堂集』 (卷之十伍, 記)	1730년

134	안석경(安錫儆) (1718~1774)	遊淸平山記	『霅橋集』	1906년
135	박장원(朴長遠) (1612~1671)	麟遊記	『久堂集』 (卷之十伍, 記)	1730년
136	김수증(金壽增) (1624~1701)	谷雲記	『谷雲集』 (卷之四, 記)	1711년
137	이창신(李昌新) (생몰년 미상)	鰲山詩會記	『槐亭集』	미상
138	김수증(金壽增) (1624~1701)	華陰洞志	『谷雲集』 (卷之四, 記)	1711년
139	김수증(金壽增) (1624~1701)	遊華嶽山記	『谷雲集』 (卷之四, 記)	1711년
140	김수증(金壽增) (1624~1701)	七仙洞記	『谷雲集』 (卷之三, 記)	1711년
141	김수증(金壽增) (1624~1701)	重遊七仙洞記	『谷雲集』 (卷之三, 記)	1711년
142	김수증(金壽增) (1624~1701)	靑龍山靑龍寺記	『谷雲集』 (卷之三, 記)	1711년
143	김수증(金壽增) (1624~1701)	遊戲靈山記	『谷雲集』 (卷之三, 記)	1711년
144	김창흡(金昌翕) (1653~1722)	平康山水記	『三淵集』 (卷之二十四, 記)	1732년
145	김창흡(金昌翕) (1653~1722)	石泉谷記	『三淵集』 (卷之二十四, 記)	1732년
146	홍직필(洪直弼) (1776~1852)	淸冷浦記	『梅山集』 (卷之二十八, 記)	1866년
147	홍직필(洪直弼) (1776~1852)	彰烈巖記	『梅山集』 (卷之二十八, 記)	1866년
148	안석경(安錫儆) (1718~1774)	遊稚岳大乘菴記	『霅橋集』	1906년

149	김몽화(金夢華) (1723~1792)	遊雪嶽錄	『七巖文集』 (卷之三, 雜著)	1901년
150	강재항(姜再恒) (1689~1756)	伍臺山記	『立齋遺稿』 (卷之十二, 記)	1912년
151	송광연(宋光淵) (1638~1695)	伍臺山記	『泛虛亭集』 (卷之七, 記)	1744년
152	이식(李植) (1584~1647)	鬱巖寺記	『澤堂集』 (卷之九, 記)	1674년
153	강재항(姜再恒) (1689~1756)	太白山記	『立齋遺稿』 (卷之十二, 記)	1912년
154	이현익(李顯益) (1678~1716)	東遊記	『正菴集』 (卷之七, 記)	1773년
155	오재순(嗚載純) (1727~1792)	平康山水記	『醇庵集』 (卷之伍, 記)	1808년
156	김재락(金在洛) (1798~1860)	遊太白山記	『養蒙齋集』 (卷之二)	1912년
157	정범조(丁範祖) (1723~1801)	雪嶽記	『海左集』 (卷之二十三, 記)	1867년